APPLICATION

DE LA

PHILOSOPHIE POSITIVE.

IMPRIMERIE E. MARC-AUREL,
Rue Richer, 20.

APPLICATION

DE LA

PHILOSOPHIE

POSITIVE

AU GOUVERNEMENT DES SOCIÉTÉS ET EN PARTICULIER A LA CRISE ACTUELLE

PAR

É. LITTRÉ,

DE L'INSTITUT

PARIS.

LIBRAIRIE PHILOSOPHIQUE DE LADRANGE,

41, RUE SAINT-ANDRE-DES-ARTS.

1850

AVANT-PROPOS.

M. Auguste Comte, dans un grand
ouvrage et sous le titre de : *Système de la
philosophie positive*, a établi les bases de
la philosophie que comporte l'esprit moderne, et qui doit supplanter finalement
toute théologie et toute métaphysique. Dans
le temps, j'ai exposé (1) les traits principaux
et la marche de cette belle et capitale élaboration. Mais un tel travail, qui consiste
surtout en ce qu'il incorpore l'ensemble des
études morales et sociales dans la science

(1) *De la Philosophie positive*, par E. Littré, de l'Institut.
Paris, 1845, chez Ladrange.

positive, faisant ainsi cesser le partage provisoire entre la *philosophie* (théologie ou métaphysique) et les *sciences* particulières ; un tel travail, dis-je, contient nécessairement une application directe au gouvernement des sociétés. Aussi, dans un récent ouvrage (1), M. Comte a-t-il commencé sa nouvelle tâche. Comme ici il n'y a rien d'arbitraire, et comme il s'agit maintenant d'une vraie science, mon adhésion aux principes a entraîné mon adhésion aux conséquences essentielles ; et, secondé, cette fois comme la première, par la libérale impartialité du *National*, je me suis empressé de mettre sous les yeux du public des résultats qui, à mon jugement, sont définitifs. La philosophie positive, satisfaisant simultanément aux impérieux be-

(1) Discours sur l'ensemble du positivisme, par Auguste Comte, auteur du *Système de la philosophie positive*. Paris. juillet 1848. chez L. Mathias, 15. quai Malaquais.

soins de l'ordre et aux énergiques instincts de la révolution moderne, fait à la fois justice de la réaction rétrograde qui ne sait que réparer des ruines pour les laisser bientôt retomber avec un nouveau et plus grand fracas, et des impulsions anarchiques que les rénovations sociales , en raison de leur côté négatif, favorisent immanquablement.

APPLICATION

DE LA

PHILOSOPHIE POSITIVE

AU GOUVERNEMENT DES SOCIÉTÉS ET EN
PARTICULIER A LA CRISE ACTUELLE.

I.

Prévisions (1).

M. Auguste Comte, six ans avant la chute de Louis-Philippe, disait en son livre capital de la *Philosophie positive :* « Dans les douloureuses collisions que nous prépare nécessairement l'*anarchie actuelle*, les vrais philosophes, qui les auront prévues, seront déjà préparés à y faire convenablement ressortir les grandes leçons sociales qu'elles doivent offrir à tous, en montrant ainsi aux uns et aux autres l'insuffisance inévita-

(1) *National,* 16 juillet 1849.

ble des mesures purement politiques pour la juste destination qu'ils ont respectivement en vue, les uns quant au progrès, les autres quant à l'ordre (T. VI, p. 615). »

Ainsi, pendant que de prétendus politiques croyaient à la stabilité de la quasi-légitimité, un philosophe solitaire, ne se méprenant pas sur les contradictions essentielles et les incompatibilités flagrantes de la situation, qualifiait d'*anarchie* un pareil régime, et prévoyait formellement les collisions futures. Lequel s'est trompé, lequel a eu raison, ou celui qui a pris pour de l'ordre une anarchie réelle, ou celui qui, d'un ferme regard, a vu l'anarchie sous un ordre apparent ? Où pouvait mener la politique qui se trompait si grossièrement, sinon à des catastrophes? Elle y a conduit, en effet; et une politique qui compterait, comme son aînée, sur les mesures rétrogrades, sur la répression et sur des lois de septembre, préparerait au *vrai philosophe* de nouvelles confirmations de ses prévisions, et de nouvelles leçons au public, qui en profitera un jour ou l'autre pour remettre en de meilleures mains le soin des destinées communes.

La royauté de Louis-Philippe, alors dans tout son éclat (en 1842), n'a fait aucune illusion à M. Comte. « Le mouvement rétrograde, dont Napoléon se fit le chef, était incompatible avec les plus intimes dispositions populaires, qui, par leur

énergique antipathie, obligèrent à prendre tant de
longs et pénibles circuits pour restaurer, sous un
vain déguisement impérial, une monarchie qu'une
seule rapide secousse avait d'abord suffi à renver-
ser entièrement : si tant est même qu'une stricte
exactitude historique permette maintenant d'en-
visager comme vraiment rétablie une royauté qui
n'a jamais pu encore passer avec sécurité de ses
divers possesseurs à leurs successeurs domesti-
ques. Et pourtant une telle transmission hérédi-
taire constitue certainement le principal caractère
de la royauté (T. VI, p. 383). »

Ce jugement si clairvoyant porté sur la royauté
reçut, six ans plus tard, une nouvelle confirma-
tion, par le détrônement de Louis-Philippe. Au
vrai, la royauté, depuis qu'elle fut solennellement
abolie par notre immortelle Convention, n'a jamais pu être rétablie. L'empereur, le roi légitime
et le roi quasi-légitime n'ont jamais été que des
présidents d'une République, avec des révolutions
au lieu des changements réguliers qu'aurait com-
portés l'ordre républicain, s'il n'eût été si déloya-
lement et, disons-le en vue du résultat et de Ste-
Hélène, si stupidement violé par Napoléon. Et
réellement, cette vieille monarchie, glorieuse et
bienfaisante dans le passé, parasite et malfaisante
dans le présent, serait-elle tombée au premier
choc, si tous les appuis moraux ne lui eussent été
dès longtemps retirés, si elle n'eût été en l'air au

milieu d'une société qui se régénérait , si elle n'eût cessé d'avoir une véritable raison d'être ? Le même changement d'idées qui s'était produit en France, se produisant aujourd'hui dans l'Europe , toutes les monarchies sont ébranlées, et toutes disparaîtront devant les incompatibilités insurmontables qui croissent constamment entre la monarchie et l'esprit moderne.

Car il ne faut pas regarder comme appartenant à l'esprit moderne le régime constitutionnel qu'on a essayé d'introduire chez nous. Ce régime est un cas tout particulier de la grande rénovation occidentale ; il est spécial à l'Angleterre; c'est une halte entre l'éruption protestante au XVIe siècle, et la révolution bien plus décisive de la fin du XVIIIe. Aussi n'a-t-il eu une véritable consistance et de la stabilité que dans son pays natal. Partout ailleurs, il a été incapable de marcher; court en France, il sera encore plus court dans le reste du continent. Aussi, en plein régime constitutionnel, et au fort de la quasi-légitimité , M. Comte a-t-il écrit : « La stérile obstination de la réaction rétrograde tendit toujours à reproduire , autant que le permettait l'état général des esprits, une aveugle imitation de la Constitution anglaise ; imitation caractérisée par une chimérique pondération des diverses fractions du pouvoir temporel. C'est dans ce type que d'irrationnelles conceptions ne cessaient de montrer la réorganisation finale, malgré l'expérience du peu de stabilité que pouvait avoir en France l'importation d'une telle anomalie politique (T. VI, p. 583). »

Pour qui jugeait la situation avec tant de sûreté, la révolution de février était un fait prévu et rentrant dans la succession de nos phases révolutionnaires. Mais cette révolution même a été l'occasion d'événements prodigieux qui ont surpris les esprits les plus préparés. La propagation de l'ébranlement à Vienne et à Berlin, à Milan et à Rome a été un phénomène inattendu, et les plus confiants dans le progrès ne pensaient pas que l'idée rénovatrice eût déjà pénétré si loin. M. Comte avait, il y a longtemps, reconnu cette inévitable extension et déterminé la solidarité intime qui unit les membres de la République européenne. On lit dans son ouvrage : « Les résultats effectifs de la période extrême (*Restauration et commencement de Louis-Philippe*) ont surtout consisté jusqu'ici dans l'inévitable extension de la crise fondamentale à l'ensemble de la grande République européenne, dont la France devait être seulement l'avant-garde. Cette propagation naturelle ne pouvait, sans doute, acquérir une importance vraiment décisive tant que la crise générale avait dû sembler dissipée dans son foyer principal. C'est donc seulement depuis qu'une dernière commotion (*la révolution de juillet*) a pleinement démontré l'inanité d'une telle illusion, que cette extension nécessaire a pu suffisamment s'accomplir (tome VI, p. 415). »

Savoir, c'est prévoir. Le critérium de toute véritable science est la prévision. Certes, on n'y a jamais mieux satisfait qu'ici ; et, entre les mains de **M.** Comte, la science historique s'est montrée aussi prévoyante qu'il est possible. Les crises révolutionnaires, l'incapacité de la royauté à se maintenir, enfin la solidarité révolutionnaire de l'Europe, tout cela est déterminé et prédit plusieurs années à l'avance. Si quelqu'un de ceux qu'on a nommés hommes d'état durant cette période et qui, ne sachant rien, ne prévoyant rien, ne méritent que le nom de teneurs de portefeuilles, si, dis-je, quelqu'un de ces faux hommes d'état eût eu cette clairvoyance, il aurait fait, apercevant l'écueil, éviter le choc. Mais dans ce qu'on est convenu d'appeler les hautes régions de la politique, et ce que Paul-Louis Courier appelait déjà si sagement les basses régions, il n'y a plus, depuis longtemps, que confusion, désarroi et aveuglement.

Qu'on se reporte aux années où cela s'écrivait, et qu'on se rappelle ce qui préoccupait alors les politiques de profession. L'un proposait des dotations princières que repoussait une assemblée assez inconséquente pour vouloir une royauté sans les conditions de la royauté. Un second, brouillant tout, levait de nombreux soldats et projetait une campagne en Allemagne pour se venger de ce que l'Angleterre l'avait fâché. Un troisième, louable du moins en ceci, rengaînait cette étrange fantasmagorie militaire, mais, se perdant en des maximes toujours changeantes et en des combinaisons infiniment petites, se croyait solide parce que son collègue lui avait arrangé une majorité. Un quatrième, se proclamant dynastique, contrariait partout la dynastie, et, triste exemple de l'absence de toute vraie conviction, était destiné à servir de cause occasionnelle au renversement de la monarchie en soutenant les banquets; et de chef à la réaction en mutilant le droit de réunion.

Voilà à qui appartenait la direction ! et qu'on s'étonne, si l'on veut, du résultat ! Lynx pour des futilités sans nom, mais taupes pour tout ce qui était réel et imminent, ils ne voyaient pas la royauté vacillante, l'Italie prête à se soulever, l'Allemagne profondément irritée contre ses souverains, l'Autriche même compromise dans ses conditions d'existence. Aussi, tout ce travail de fourmis a-t-il disparu au premier coup de vent, et, de février 1848 à mars de la même année, il a été fait mille fois plus pour la cause commune des peuples qu'il n'avait été fait contre elle en dix-huit ans à force de petits moyens, et que la réaction n'en déferait en dix-huit autres années, si un tel laps de temps lui était encore accordé pour le gaspiller, et si les phases ne devaient pas se presser maintenant bien davantage. Que de toiles d'araignée ont été dispersées en un instant !

La prévision ne serait qu'une stérile divination, sans antécédent ni conséquent, si elle ne reposait sur des règles fixes et si elle n'était régulièrement transmissible aux esprits suffisamment préparés. Toute science comporte (et c'en est un des caractères fondamentaux) des prévisions d'autant plus assurées et lointaines, qu'elle est plus simple, et, partant, plus perfectionnée. Ainsi l'astronomie possède, à cet égard, plus de puissance que la physique, qui en possède plus que la chimie, qui en possède plus que la biologie ; et celle-ci, à son tour, est supérieure à la sociologie. Mais cela n'empêche pas que la sociologie, ou histoire, ou science sociale, comme on voudra l'appeler, ne soit déjà, grâce aux lumineuses conceptions de M. Auguste Comte, douée d'une prévision très-notable. J'en viens de donner une preuve empirique, en rapportant avec quelle sûreté M. Comte a déterminé les cas principaux de notre évolution la plus prochaine. La preuve par le raisonnement n'est pas moins concluante.

Toute science suppose que les phénomènes qu'elle étudie sont soustraits à des volontés quelconques et obéissent uniquement à des conditions d'existence que nous nommons des lois. Tant que cela n'est pas nettement aperçu, il y a lieu aux conceptions théologiques et métaphysiques, il n'y a pas lieu aux conceptions scientifiques. Mais dès que ce pas est franchi, la science se constitue et la prévision commence. Ainsi est-il arrivé de l'astronomie, de la physique, de la chimie et de la biologie, dans l'ordre où je viens de les énumérer; ainsi arrive-t-il de la sociologie, qui dut être la dernière de toutes en date, attendu que là aussi est une filiation, et que la science sociale ne put pas plus venir au monde avant la biologie, que l'astronomie avant les mathématiques. Les phénomènes sociaux sont des phénomènes naturels qui sont soumis à un ordre; mais quel est cet ordre? Aristote, un des esprits les plus puissants dont l'humanité s'honore, combinant la courte expérience historique qu'il avait derrière lui, représenta, dans un livre immortel, cet ordre comme immobile. Erreur que le plus prochain avenir devait manifester. Longtemps après, l'histoire s'étant prolongée, on imagina un ordre circulaire; autre erreur que la grande démolition, commencée en 89, a mise dans tout son jour. Enfin a surgi l'idée de progrès; mais dans quel sens? C'est ce qui a été déterminé par M. Comte dans la formule : Toutes nos conceptions sont, nécessairement, d'abord théologiques, puis métaphysiques, et finalement positives.

Ainsi l'ordre social est mobile, et il l'est suivant une progression qui, pour le vrai, s'écarte incessamment de l'imagination vers la raison ; qui, pour le bon , fait prévaloir l'humanité sur l'animalité ; qui, pour le beau, approprie des idéalisations de plus en plus complètes à un public de plus en plus nombreux ; qui, pour l'utile, exploite avec une perfection croissante le domaine terrestre. A l'aide de la formule de M. Comte, on explique le passé (j'allais dire on le prédit, tant une saine théorie jette de lumière sur ce qui, sans elle, n'est qu'un chaos) ; et l'on prévoit l'avenir, du moins dans ses caractères essentiels. Tous les temps historiques apparaissent comme un long enchaînement de causes et d'effets : et la même théorie qui les fait comprendre permet à la fois de plonger le regard, et au-delà en arrière et au-delà en avant, construisant dans leurs linéaments essentiels et un certain passé que nous ne voyons plus et un certain avenir que nous ne voyons pas encore. La contemplation de cette vaste humanité est une des satisfactions les plus salutaires et les plus splendides que l'esprit puisse se procurer.

C'est du déchirement entre les croyances anciennes, cohérentes il est vrai, mais tombant en désuétude, et les nouvelles croyances, croissant il est vrai, mais encore incohérentes, qu'est né l'état révolutionnaire qui embrasse aujourd'hui toute l'Europe. « Le cours général des événements propres au dernier demi-siècle, disait M. Comte en 1842, démontre que les conditions de l'ordre, autant que celles du progrès, ne peuvent désormais obtenir une réalisation suffisante que par l'essor direct d'une véritable réorganisation. Jusqu'à cet indispensable avénement, l'ensemble de la situation politique flottera nécessairement entre la tendance plus ou moins rétrograde d'un pouvoir qui ne peut concevoir l'ordre que dans le type ancien, et l'instinct plus ou moins anarchique d'une société qui n'imagine encore qu'un progrès purement négatif (T. VI, p. 516). »

Depuis lors, la révolution de février et l'avénement de la République ont fait faire un pas vers la solution finale, pas que M. Comte caractérise ainsi, dans un ouvrage subséquent : « En écartant à jamais le mensonge officiel par lequel la monarchie constitutionnelle prétendait s'ériger en dénouement final de la grande révolution, notre république ne peut proclamer comme irrévocable que son seul principe moral, l'entière prépondérance du sentiment social, vouant directement au bien commun toutes les forces réelles. Telle est aujourd'hui l'unique maxime vraiment définitive, sans qu'on ait aucun besoin de l'imposer parce qu'elle résulte spontanément des tendances universelles, qui ne permettent à personne de la contester, depuis que tous les préjugés contraires sont radicalement détruits. Mais quant aux doctrines, et, par suite, aux institutions, propres à organiser ce règne direct de la sociabilité univer-

selle, notre république reste essentiellement indéterminée, et comporte beaucoup de régimes différents. Il n'y a de politiquement irrévocable que
l'entière abolition de la royauté, qui, sous une
forme quelconque, constituait depuis longtemps
en France et même, à de moindres degrés, dans
tout l'Occident, le symbole de la rétrogradation
(*Discours sur l'ensemble du positivisme*, page
114). »

Cet amendement moral de la société française,
dû au triomphe du principe républicain, vaudrait
à lui seul la crise qu'il nous a coûté; car, on ne
doit cesser de le répéter, les améliorations morales
priment tout. Mais reste toujours le grand problème de la rénovation totale et définitive qui doit
clore la révolution. Quiconque examinera les
conditions de stabilité des sociétés à une époque
donnée, se convaincra que cette stabilité dépend
nécessairement d'une communauté de croyances
fondamentales entre les hommes, et, réciproquement, que la révolution commence quand, par le
progrès spontané des sciences et des notions qui
en dérivent, cette communauté se dissout. Ainsi
fut stable le polythéisme, et ainsi il devint
instable. Ainsi fut stable le catholicisme, et ainsi
il est devenu instable à son tour. Supposons que
rien n'eût changé dans nos croyances, il n'y aurait
dans l'Occident pas plus de révolutions sociales
qu'il n'y en a eu dans l'Inde depuis l'établissement

du polythéisme brahmanique. Si là est la cause de la révolution présente, comme là fut la cause de la révolution passée qui mit à bas le paganisme, évidemment la stabilité ne sera rétablie qu'avec la convergence des esprits. Le passé a épuisé toutes les combinaisons théologiques ; il est à peine besoin de faire mention des combinaisons métaphysiques trop peu consistantes et trop passagères pour avoir aujourd'hui une véritable importance politique. Il ne reste donc plus que les combinaisons positives ; et ce sont celles que j'examinerai dans l'article prochain.

II.

Des bases scientifiques du nouvel ordre social (1).

Tout ordre social suppose et a en effet, ainsi qu'en témoigne l'histoire universelle, une certaine base intellectuelle, faute de quoi, la convergence des esprits n'existant pas à un degré suffisant, il y aurait des familles isolées et des hordes, mais point de société véritable. Le fétichisme, le polythéisme, le monothéisme, ont successivement fourni une telle base nécessaire. Mais ces conceptions préliminaires, suggérées au début des choses par la nature même de l'esprit humain, ont disparu ou disparaissent; et au fur et à mesure de cette disparition ont grandi les conceptions positives ou sciences, qui, enfin, de nos jours, réduites en une seule science ou philosophie par M. Auguste Comte, remplacent ce qui s'en va, suppléent à ce qui s'écroule, et sont destinées à clore l'ère de la révolution moderne.

Sans doute, au premier abord, on s'étonnera qu'une telle et si laborieuse construction soit né-

(1) *National*, 23 juillet 1849.

cessaire pour arriver à la conception de l'ordre social tel qu'il doit émaner du passé historique. D'ordinaire on s'imagine en être quitte à meilleur marché ; et tout autre est le point de vue où le public est placé. En quoi la politique peut-elle dépendre de l'astronomie, de la physique, de la chimie ou de la biologie ? Les savants de profession ne sont-ils pas communément étrangers aux notions politiques ? Et, réciproquement, les politiques de profession ne sont-ils pas fournis par les littérateurs et les avocats étrangers communément aux notions scientifiques? Tout cela est vrai ; mais il n'est pas moins vrai que les sciences positives ont progressivement modifié l'ordre social, et amené, par leur intervention spontanée, l'état révolutionnaire où nous sommes, et qu'il leur appartient de poser la base solide de notre réorganisation. Elles seules peuvent, par les convictions fermes et stables qu'elles inspirent, terminer la longue insurrection de l'esprit, qui, à chaque pas qu'il faisait dans la découverte du monde réel, reconnaissant la fausseté des conceptions primitives ou théologiques, se soulevait contre l'établissement contemporain et le ruinait peu à peu ; elles seules, en lui donnant la juste satisfaction qu'il réclame, peuvent l'incorporer dans le système social, le subordonner définitivement aux besoins de la sociabilité, et, de la sorte, sans compromettre l'ordre, assurer le progrès.

L'ordre social se modèlera inévitablement sur la philosophie positive ou système général de la science; car toujours il s'est modelé sur une conception quelconque du monde et des choses. Parcourons la suite des temps en partant de l'époque présente. Ce n'est pas seulement la France, c'est l'Europe entière qui se trouve partagée entre trois écoles politiques : l'école rétrograde, l'école révolutionnaire et l'école stationnaire ou conservatrice. Tout est rangé sous l'un de ces trois drapeaux, et chacun ou s'attache aux institutions du passé, ou en poursuit la destruction, ou cherche un équilibre impossible, un arrêt, dans le conflit des deux forces opposées. L'école stationnaire n'a pas, à proprement parler, une doctrine. Elle procède en acceptant les principes de la révolution, dont elle repousse les conséquences, et en acceptant les conséquences de l'école rétrograde, dont elle repousse les principes. C'est, non pas un système, mais un expédient né de l'impuissance où les deux autres se sont plus d'une fois réduites. Cela est tellement vrai que, par un brusque revirement, sous l'influence de la peur, elle vient de disparaître tout entière dans l'école rétrograde. On peut donc sans injustice, au point de vue purement scientifique, lui appliquer le sévère langage de Dante :

Non ragioniam di lor, ma guarda e passa.

L'école rétrograde, elle, a, ou du moins croit avoir une doctrine. Je dis *croit avoir*. En effet, ses organes les plus éclairés et les plus consciencieux ont perdu le sentiment intime des conditions qui élevèrent et maintinrent le régime catholico-féodal, et leur esprit est, en dépit d'eux-mêmes, tellement imprégné d'idées modernes, que leur prétendue doctrine n'est plus qu'un perpétuel compromis. Mais, laissant tout examen de ce genre, il suffit, pour la discussion présente, d'en appeler à l'empirisme. Or, l'empirisme, depuis plus de trois siècles, dépose contre elle avec une redoutable continuité. Ni elle n'a relevé la convergence religieuse, brisée par le protestantisme; ni elle n'a rendu sa force au vieux pouvoir spirituel; ni elle n'a maintenu la position de son clergé; ni elle n'a sauvé sa féodalité; ni elle n'a gardé sa royauté, qui, longtemps appuyée par elle, l'appuyait à son tour dans cette décadence; ni enfin, ce qui, au fond, était le tout, elle n'a pu reconstituer sur un seul point cette conception théologique du monde que la science moderne a irrévocablement dissipée.

Autre, il n'est pas besoin de le dire, est la situation de l'école révolutionnaire ou progressive. Sans doute, il faut une analyse éclairée et déjà guidée par la théorie positive de l'évolution des sociétés pour reconnaître, au milieu des ruines amoncelées, ce qui s'est reconstruit sous son in-

fluence ; mais , pour reconnaître ce qu'elle a détruit , il suffit d'ouvrir les yeux. Sa première
explosion décisive fut le protestantisme , alors
qu'elle rompit l'unité catholique. Depuis , ses
conquêtes furent continues. Elle ne cessa , dans
l'ordre intellectuel , de miner les étais du régime
catholico-féodal. A chaque succès de ce travail
souterrain , un de ces étais manquait, et tout ce
qu'il suportait venait joncher le sol de débris.
Clergé , noblesse , royauté, tout s'ébranle , tout
s'amoindrit, tout s'écroule en France et hors de
France. A ces mutations, saluées par l'enthou-
siasme des uns , par la stupéfaction des autres ,
mais sur lesquelles nul ne se méprend, à ces mutations si profondes dira-t-on que ne correspond
aucun changement dans la conception générale
que l'on se fait du monde ? L'homme moderne a-t-
il, de ce monde, la même idée que l'homme du
moyen-âge ? Poser la question , c'est la résoudre.
Depuis que le système social de cette grande époque
marche vers son déclin, le système scientifique
s'est renouvelé presque en entier. La terre recon-
nue par la circumnavigation , la position de la
planète assignée dans l'espace, la physique et la
chimie créées, la biologie rattachée par la chimie
à la série des sciences, l'histoire éclairée et étendue
par la critique, l'étude des langues devenue par
la comparaison une source de lumières, voilà, en
bien peu de mots, comment s'explique la ruine de ce

qui tombe, et le progrès de ce qui s'avance. Que pouvaient faire, au milieu de notions si positives et si nouvelles, les vieilles et incohérentes notions qui avaient eu leur âge de grandeur et de fortune, alors qu'elles satisfaisaient à toutes les exigences de l'intelligence humaine? Il faut leur dire ce que, dans sa célèbre Oraison, Bossuet dit aux morts qu'il suppose revenus sur terre : Hâtez-vous de rentrer dans vos tombeaux pour ne voir pas ce que vos héritiers ont fait de vous et de vos projets. En effet elles y rentrent sans relâche et sans retour; et simultanément tombent les institutions qu'elles entretenaient.

Ce catholicisme, aujourd'hui complètement rétrograde, et perdant de plus en plus les sympathies des populations, à tel point qu'il n'a fallu rien moins que les baïonnettes, les canons et les mortiers d'une armée d'ailleurs fort peu dévote, pour le réinstaller dans sa capitale; ce catholicisme, dis-je, eut, en plein moyen-âge, son règne incontesté ; et plus la saine philosophie historique, qui le condamne pour le présent et pour l'avenir, ira se propageant, plus la reconnaissance de l'humanité croîtra pour cette phase d'un progrès si décisif entre le monde ancien et le monde moderne. Alors le monothéisme, pour lequel avait travaillé la philosophie de l'antiquité, emplissait les intelligences; alors le pouvoir spirituel, dans cette mémorable ébauche, se montrait tutélaire;

alors la loi nouvelle était, aux yeux de tous, supérieure à l'ancienne; et, dans ce monde rajeuni,
le chevalier et le moine, le roi et le serf, soumis à
même morale, acceptaient sans conteste leur
destination sociale.

Bien plus, ce catholicisme que nous voyons
dans sa ruine, que nos aïeux ont vu dans sa pros-
périté, faisons un pas de plus, et nous allons le
voir révolutionnaire. Une vieille et immense société, le paganisme, était entrée en décadence
spontanément et par le jeu de ses propres éléments; exactement comme le catholicisme entra
en décadence longtemps après. Du sein de cette
décomposition, sortait une doctrine nouvelle qui
entreprenait une grande et salutaire réformation.
Elle attaquait révolutionnairement et était traitée
comme le sont les révolutionnaires qui ont raison,
c'est-à-dire par la calomnie, l'outrage et la persé-
cution. Les réactionnaires du temps lui repro-
chaient de détruire la société, d'anéantir la morale, et d'amener le règne des barbares. Nos réactionnaires d'aujourd'hui n'ont rien inventé. Ah!
les vrais barbares sont ceux qui n'ont que la répression et la compression pour combattre les
doctrines, entendent perpétuer la misère mentale
et matérielle, répandent le sang pour un caprice
rétrograde, et voient le salut de l'Europe
dans le triomphe du Cosaque, comme les barbares étaient ceux qui défendaient Jupiter, te-

naient pour l'esclavage , et repoussaient une inévitable réorganisation. Il est curieux de voir, dans
les documents du temps , combien la polémique
des premiers siècles contre le paganisme ressem-
ble à la polémique du dix-huitième siècle contre
le catholicisme. L'argumentation , qui, des deux
parts, est souvent sophistique et superficielle , ne
cesse jamais d'être victorieuse, parce que le parti
novateur a non-seulement pour lui la raison au
fond , mais encore l'opportunité et l'irrésistible
courant de l'opinion.

Justement tombé, le polythéisme n'en eut pas
moins, en son temps , sa juste prédominance et
n'en a pas moins droit à la reconnaissance et à
l'admiration de la postérité. Pendant des milliers
d'annés il a régi d'innombrables populations dans
une sage et puissante stabilité, régularisant l'esclavage, préparant l'industrie , jetant un éclat immortel dans les beaux arts, ébauchant les sciences,
donnant à la guerre et à la conquête un caractère
d'assimilation et de civilisation qu'elle n'a jamais
eu depuis, et semant les germes de ce que nous
récoltons. Vu à sa place dans l'histoire, le polythéisme est un ordre social plein de vigueur, qui
protége et facilite tous les développements; vu
plus tard, c'est une dissolution , une ruine , un
chaos, où les instincts aveugles et rétrogrades s'ef-
forcent vainement d'étouffer la jeune société ; vu
plus tôt, c'est une révolution, un progrès qui efface

et remplace le fétichisme primitif; révolution, progrès dont on jugera la difficulté si l'on songe à la faiblesse initiale de l'esprit humain, et dont il reste quelques traces, quelques figures dans les vagues traditions sur la chute et le remplacement des dieux et des titans.

Remontons de cette profonde antiquité, et sur notre chemin nous allons rencontrer, d'espace en espace, tous les éléments dont le concours détermine aujourd'hui l'immense et orageuse transition appelée révolution. Tout cela fut spontané, indépendant d'une volonté quelconque, aussi bien chez ceux qui en étaient les promoteurs, que chez ceux qui devaient, dans le cours des choses, en être blessés: aussi tout cela n'en témoigne-t-il que plus péremptoirement pour la régularité irrésistible de la loi historique. Le plus ancien de ces éléments (le plus ancien parce qu'il est le plus simple) est la mathématique. Les nombres et les figures ont fourni un exercice salutaire qui, attirant l'esprit par d'ingénieuses combinaisons, le fortifia graduellement, et bientôt servit de marche-pied à une science nouvelle et plus compliquée, l'astronomie. Quoique dans l'antiquité l'astronomie n'ait pas dépassé les conditions statiques ou géométriques, et qu'il faille arriver jusqu'aux temps modernes pour trouver la connaissance des conditions dynamiques, toutefois elle eut une influence décisive sur la ruine intellectuelle du polythéisme. Il faut voir chez les hommes éminents d'alors de quel mépris, appuyés sur l'*interprétation de la nature*, ils traitent les fables mythologiques. Elle s'accorda aussi parfaitement, dans cet état rudimentaire, avec tout le régime du moyen-âge, contre lequel elle ne soulevait encore aucun grave dissentiment. Mais l'antiquité par les mains d'Archimède, le moyen-âge par les mains des alchimistes, avaient ébauché l'une la physique, l'autre la chimie ; et ces deux sciences, qui pénètrent si avant dans la connaissance des phénomènes et qui étendent si loin le domaine positif, venant l'une après l'autre, coïncidèrent avec l'ébranlement politique dont elles furent un des auxiliaires essentiels. Enfin, ce fut au milieu de la commotion la plus décisive que la biologie, connue seulement jusqu'alors dans ses conditions statiques ou anatomiques, commença, principalement par les immortelles découvertes de Bichat, à passer à sa période dynamique.

Le génie de M. Comte (pourquoi ne me servirais-je pas de cette expression, même à l'égard d'un contemporain, s'il est vrai que la simplicité et la fécondité sont les marques des conceptions du génie ?) a saisi l'enchaînement et la subordination de ces sciences. Il est évident que l'astronomie dépend de la mathématique, que la physique dépend de l'astronomie, que la chimie dépend de la physique, et que la biologie dépend de la chimie ; notion tellement simple que, quand on l'a entendue, on y donne aussitôt son assentiment, et qu'on croirait avoir pu la découvrir sans effort ; mais, en même temps, tellement transcendante que les esprits les plus éminents avaient jusqu'alors échoué à établir une hiérarchie supportable des sciences ; et tellement féconde qu'elle fournit à l'esprit qui s'en empare le moyen de renouveler à la fois la philosophie et l'enseignement.

On voit, sans que j'entre dans aucun détail, la série naturelle et la gradation de ces sciences ; d'abord les nombres et les figures géométriques ; puis le système céleste ; puis les phénomènes de pesanteur, d'électricité, de chaleur, de magnétisme, de lumière et de son ; puis les combinaisons moléculaires ; puis enfin les conditions de la vie tant végétale qu'animale ; vaste ensemble véritablement philosophique, où l'esprit, pleinement satisfait, et abandonnant sans retour toutes les hypothèses ou théologiques ou métaphysiques, monte de degré en degré et de complication en complication. Mais du même coup on voit la lacune essentielle que présente cette coordination : une classe de phénomènes, celle des phénomènes sociaux, reste en dehors ; et, tant qu'elle échappe, l'œuvre est inachevée, on peut continuer à considérer la société soit comme régie par des volontés surnaturelles, par une providence quelconque.

soit comme livrée aux chances du hasard ou aux
expériences arbitraires des législateurs. Cette lacune, c'est encore M. Comte qui l'a comblée. *A
priori*, les phénomènes sociaux ne doivent pas
être moins réglés que les autres ; tout le reste est
gouverné par des lois naturelles ; l'homme lui-
même, dans sa vie et dans son intelligence, est
soumis aux conditions biologiques. Tout cela
étant, comment les sociétés ne tomberaient-elles
pas dans la commune catégorie ? Au reste, la découverte de la loi sociologique ne pouvait tarder
beaucoup après la constitution de la biologie ; et
quiconque a étudié l'histoire des sciences sait qu'il
vient toujours un moment où une notion capitale
ne peut plus échapper. M. Comte a lui-même
signalé cette circonstance : « La vraie science
sociale et la vraie philosophie ne pouvaient surgir
que quand une jeune intelligence, imbue de l'ardeur révolutionnaire, pourrait s'approprier l'explication historique de l'ensemble du moyen-âge.
C'est seulement alors qu'a pu naître le véritable
esprit de l'histoire, l'instinct général de la continuité humaine, auparavant inconnu même à mon
principal précurseur, l'illustre et malheureux Con-
dorcet. A la même époque, le génie de Gall com-
plétait la récente ébauche de la biologie, en créant
l'étude scientifique des fonctions intérieures du
cerveau, autant du moins que l'évolution purement individuelle permet de les apprécier. On

achève ainsi de comprendre l'ensemble de conditions sociales et mentales qui dut placer la découverte des lois sociologiques, et, par suite, la fondation du positivisme, au temps précis où je commençai à philosopher (en 1822), une génération après la dictature progressive de la Convention, ou presque dès la chute de la tyrannie rétrograde de Bonaparte. »

A ce point la philosophie nouvelle est complète; elle embrasse tous les phénomènes dont l'homme peut avoir connaissance. Les sciences particulières, vues de la sorte, sont des affluents qui viennent former la grande science de l'humanité, la véritable science universelle. Dans son état préliminaire, et encore plus dans son état définitif, cette philosophie remplit un double office, l'un négatif, l'autre positif; négatif, en démolissant l'édifice ancien, *en faisant la révolution*, et en rendant impossible toute rétrogradation essentielle, car elle crée des habitudes intellectuelles absolument incompatibles avec les idées et les institutions du passé; positif, en fournissant la base solide où le ralliement des esprits doit s'opérer. C'est l'ordre de l'univers connu et dès lors accepté dans toutes ses parties. Quoique cet ordre ait été longtemps ignoré, son inévitable empire n'en a pas moins tendu toujours à régler, à notre insu, toute notre existence. A mesure que nous l'avons mieux connu, nos conceptions sont devenues moins vagues, nos inclinations moins capricieuses, et notre conduite moins arbitraire. La science ainsi généralisée et régénérée, ainsi réduite en une philosophie, est l'aboutissant inévitable de la révolution, le point de départ de toute saine spéculation politique, le fondement de tout véritable enseignement populaire.

III.

Progrès parallèle de la société et de la science, et destination sociale du positivisme (1).

Le peuple est directement intéressé au triomphe de la philosophie positive ; ou, pour mieux dire, ce triomphe et le sien c'est tout un. Ce qui fait que nous sommes en révolution, c'est le progrès des sciences positives détruisant peu à peu toutes les bases de la conception monothéistique du monde. Ce qui fit jadis la longue révolution chargée de préparer et d'établir le christianisme, ce fut le progrès des mêmes notions minant la conception polythéistique, qui avait longtemps rallié les intelligences. Ce qui transforma en polythéisme le fétichisme primitif, ce fut un développement analogue. Enfin, ce qui doit, toutes les combinaisons théologiques étant épuisées, remplacer l'antique lien aujourd'hui définitivement usé, c'est encore le système des mêmes notions positives, assurant l'ordre et le progrès; et il les assure en montrant, dans la vie des sociétés, dans la vie des individus, dans les combi-

____

(1) *National*. 13 août 1849.

naisons chimiques , dans les phénomènes physiques, dans l'arrangement des corps célestes, dans
les conditions numériques et géométriques, des
lois régulatrices où l'intervention humaine a d'autant moins de prise, que ces lois sont plus simples,
d'autant plus de puissance, que ces lois sont plus
compliquées. Cette considération, pour le dire en
passant, écarte à la fois le fatalisme et l'optimisme.

Ainsi, l'histoire témoigne qu'au fur et à mesure
de la croissance des notions positives, la base intellectuelle de la société s'est modifiée. Il importe
de voir si, parallèlement à cette modification, la
condition sociale n'a pas aussi changé. Les choses
sociologiques sont tellement compliquées, et la
théorie en est si nouvelle et par conséquent si peu
avancée, qu'on a toujours besoin des vérifications
empiriques. A beaucoup d'esprits, il paraîtra possible que le progrès scientifique eût coïncidé avec
l'asservissement de plus en plus dur, l'exploitation
de plus en plus rigoureuse des classes populaires.
A ces esprits, il est bon de représenter la progression réelle, la liaison inévitable , et de leur faire
voir dans l'histoire du passé l'histoire de l'avenir.
La réaction actuelle , comme toutes les réactions
antécédentes, n'est rien , rien qu'une dégradation
intellectuelle ou morale pour ceux qui renient
leurs précédents et donnent un démenti à leur vie,
déclarant par là ou une radicale incapacité qui leur
a permis de se méprendre si gravement et si long-

temps, ou le faux et mensonger semblant dont ils s'étaient couverts en vue de leur ambition. Mais ces moments, si courts et d'un effet si illusoire dans la série historique, sont longs pour les générations qui les traversent; et, dans les anxiétés journalières qui nous assaillent, nous ressemblons assez à un médecin qui, assis au chevet de son malade, noterait, seconde par seconde, les changements du mal, perdant ainsi, dans une contemplation trop assidue, la notion de l'ensemble et de la terminaison. Aussi, tout en conservant un indomptable attachement à notre grande cause, et la ferme résolution de la servir, au prix de tous les sacrifices, dans chacune des péripéties qui se présenteront, il est bon de se plonger dans les eaux vivifiantes du fleuve historique. Rien n'est meilleur pour l'affermissement de l'esprit et pour l'amendement du cœur que de se sentir, par l'intermédiaire de l'humanité de tous les âges, en communication et avec les hommes qui furent nos pères et avec les hommes qui seront nos enfants.

C'est une illusion née de la manière anti-scientifique dont on a jusqu'ici traité l'histoire, c'est une illusion de croire qu'il soit impossible de se représenter les temps qui ont précédé le polythéisme et qui appartiennent au fétichisme le plus reculé. Sans doute la série directe des populations les plus avancées va du monde moderne au moyen âge, de là à l'antiquité romaine et grecque, de là aux Juifs, aux Phéniciens, aux Assyriens, de là aux Égyptiens, et s'arrête à ce terme, sans qu'on ait aucune notion authentique sur les aïeux de ceux-ci. Mais le globe terrestre est, en Afrique, en Amérique, dans l'Océanie, parsemé de nombreuses peuplades fétichiques qui nous offrent l'image de ces aïeux perdus dans les ténèbres séculaires ; et une étude exacte de telles peuplades, de leurs mœurs, de leurs arts, de leur gradation, doit fournir dès à présent le préambule indispensable de toute histoire positive. Or, en cet état social, que voyons-nous, à des degrés divers et suivant que l'on s'approche davantage de la phase subséquente ? Des populations chasseresses vivant misérablement, la guerre purement destructive et ne servant qu'à alimenter le cannibalisme ; le fétiche et son prêtre, ébauche du pouvoir spirituel ; la tribu et ses chefs, ébauche du pouvoir temporel ; quelques constructions, armes et outils, ébauche de l'industrie ; quelques chants et quelque danses, ébauche de l'art futur ; enfin, une morale d'instinct qui n'oppose que de faibles barrières aux passions soudaines et changeantes. L'homme est alors aussi près que sa nature le comporte de l'animal. Tous les rudiments de la civilisation la plus développée sont, là, présents. Mais ces faibles sociétés, en guerre avec les grands animaux, en guerre avec une puissante nature, en guerre les unes contre les autres, ne sont qu'une étape dont l'histoire a hâte de sortir, comme, de fait, en sortirent les populations nos aïeules. Des notions très bornées sur le monde et l'homme coïncident, on le voit, avec la condition la plus précaire et la plus chétive.

Peu à peu ces notions s'agrandissent, et un nouvel âge commence. C'est l'âge des castes sacerdotales, c'est l'âge des castes guerrières, fondant les unes et les autres leur droit social sur les rapports surnaturels qui les lient aux êtres célestes ; c'est l'âge de la guerre conquérante et civilisatrice ; c'est l'âge de l'esclavage, alors que, les castes supérieures se livrant aux armes et à la politique, les castes inférieures font, sous cette discipline, l'apprentissage du travail ; le travail si antipathique au vagabondage et à la fainéantise des peuplades sauvages ; le travail, fondement de toute notre civilisation ; le travail, récompense et orgueil de l'homme moderne. Autant l'esclavage importé aux colonies est odieux dans son principe et malfaisant pour le noir et pour le blanc, autant l'esclavage antique fut nécessaire comme chaînon intermédiaire entre la barbarie sans frein et l'émancipation commune. Profitant aux maîtres et aux esclaves, il permit le développement politique des uns, le développement industriel des autres. C'est une déclamation vaine et sophistique que de reporter aux temps antiques la juste réprobation qui flétrit la servitude moderne. Quand on considère le terme de départ (la

barbarie) et le terme actuel d'arrivée (notre civilisation laborieuse), conçoit-on que l'apprentissage
intermédiaire ait pu se faire autrement? La métaphysique, qui, en l'absence de toute conception
positive, a nécessairement eu l'emploi de traiter
de l'organisation sociale, est l'auteur de ces idées
anti-scientifiques touchant l'explication du passé.
Ainsi que, dans l'ignorance de la loi de pesanteur,
elle imagina l'horreur du vide pour rendre raison
de l'ascension de l'eau dans les pompes, de même,
méconnaissant la loi historique de la filiation, elle
importe à tort et à travers le présent dans le passé,
le passé dans le présent. Aussi n'y a-t-il rien à en
attendre dans la solution des questions actuelles.

Toute théorie incapable d'expliquer la série
historique est frappée d'impuissance, l'avenir social ne pouvant être que le prolongement du passé.
L'école catholique, qui condamne à la fois le paganisme et la révolution, et qui n'a d'autre interprétation de ce qui la précède et de ce qui la suit
qu'une vague incrimination de la nature humaine
se précipitant, par de mystiques raisons, jadis dans
l'idolatrie, aujourd'hui dans l'impiété, l'école catholique, dis-je, est pour cela seul mise hors de
cause par la science comme elle l'est incessamment
par la succession des faits. De son côté, l'école
révolutionnaire, qui, pleine de haine et de dédain
pour le moyen âge, rejette son admiration sur l'antiquité gréco-romaine, ne peut sortir de son état

négatif qu'en honorant, comme il convient, la période catholico-féodale, et elle n'en sort, en effet, que dans la philosophie positive inaugurée par M. Comte.

La tradition historique est le remède aussi bien contre l'utopie anarchique que contre la non moins anarchique conservation. La société obéit à deux tendances aussi impérieuses l'une que l'autre : l'ordre et le progrès. On est anarchique quand on trouble le progrès tout comme quand on trouble l'ordre ; et nos prétendus conservateurs ne sont pas moins pernicieux à la paix commune que les fauteurs des doctrines les plus désordonnées. A quoi ont servi depuis soixante ans, en France et hors de France, les efforts conservateurs, si ce n'est à préparer des révolutions et des ruines? Les sociétés ne sont point une cire molle qu'un gouvernement façonne à son gré. Les tentatives échouent également soit à faire passer prématurément un peuple sous une civilisation trop avancée, soit à le repousser intempestivement vers une civilisation abandonnée; et, comme, dans toute catégorie de phénomènes (et la société en son ordre et en son progrès est un phénomène naturel), l'intervention humaine n'est efficace que sous la condition de connaître la loi, il n'y a de gouvernement véritablement puissant que celui qui satisfait à l'ordre et au progrès; tous les autres, comme des chevaux tournant dans un manége, s'agitent sans avancer. L'histoire nous offre trois personnages rétrogrades dont le pouvoir a été immense, Julien l'apostat, Philippe II et Napoléon. L'un, si brillant d'ailleurs, disparut comme un météore, sans avoir enrayé l'avénement du christianisme. L'autre consuma une longue vie, les trésors du Nouveau-Monde, les forces de l'Espagne, alors prépondérante, à exterminer le protestantisme ; échouant, comme cela devait être, il laissa l'Espagne dans une décadence qui se prolongea loin derrière lui. Enfin, le troisième, qui est incontestablement le plus coupable, alla périr sur une île lointaine : juste châtiment de la vie la plus mal employée, mais châtiment qui, par une solidarité fatale, entraîna l'envahissement et la désolation de la France.

On ne donnera jamais le titre d'homme de génie au physicien qui s'obstinerait à construire ses appareils en contrariété des lois de la pesanteur ou du calorique, quelque ingénieuses que fussent ses combinaisons. Une saine appréciation de l'histoire ne permettra pas non plus d'attribuer le nom de grand à des politiques qui se sont fourvoyés du tout au tout, et le réservera pour ceux qui ont noblement servi le développement de l'humanité. C'est de la sorte que tous ceux qui, hommes d'état ou penseurs, contribuèrent à la fondation du catholicisme, méritent l'admiration de la postérité. Le résultat, décisif dans l'ordre intellectuel, ne le fut pas moins dans l'ordre social. L'esclavage antique, frappé de réprobation par la nouvelle morale, disparut de l'Occident. Mais, comme rien, dans des phénomènes assujétis à la loi de la filiation, ne peut procéder que par voie de progression, il fut remplacé par le servage. Il faut voir, dans les livres des érudits, combien cette grande opération, qui coïncide avec la fin de notre première race royale et l'avénement de la seconde, améliora la condition des travailleurs, consolida l'établissement des individus sur le sol cultivé par eux, et perfectionna la famille populaire. L'antiquité avait vigoureusement fondé la morale individuelle ; le moyen âge fonda non moins vigoureusement la morale domestique, et, par sa séparation du pouvoir spirituel et du pouvoir temporel, ébaucha la morale sociale, qui consiste à vouer sciemment au bien commun toutes les forces réelles de la société.

Pour quiconque a conçu l'idée de la série historique, il devient évident que la progression, partie du vagabondage primitif, et passant par l'esclavage et puis par le servage, doit aboutir à l'émancipation générale. Mais une telle révolution sociale ne pouvait se consolider qu'autant que la doctrine qui avait fondé et maintenu l'ordre catholico-féodal s'en irait en dissolution. C'est ce qui arriva sous le progrès continu des sciences positives ; et progressivement aussi sur la plus grande portion de l'Europe, les prolétaires sortirent du servage comme l'insecte accompli sort de la chrysalide.

C'est là le point où l'évolution humaine est parvenue. On a dit (et cela est vrai) qu'un mathématicien qui connaîtrait la loi de la gravitation, ne sachant rien autre chose de notre planète sinon que le pendule y bat plus lentement à l'équateur, en conclurait toute les conditions essentielles de la terre. De même un philosophe, qui connaîtrait la loi sociologique de l'humanité, et à qui on dirait les phases de sauvagerie, d'esclavage, de servage et de prolétariat, en conclurait tout le développement scientifique qui s'est opéré ; ou réciproquement, connaissant le développement scientifique, en conclurait les phases successives de la condition sociale. Les esprits accoutumés à la métaphysique du jour concernant les choses sociales, trouveront étrange qu'il y ait une correspondance nécessaire entre l'état des croyances ou des notions positives (c'est au fond une même chose) et l'état politique. Mais la vraie théorie de l'histoire enseigne que, dans une civilisation donnée, toutes les conceptions se tiennent et que le présent y est toujours déterminé par le passé immédiatement précédent. Supposez que, dans le prolétariat moderne, tout ce qui est acquis s'efface, et que, perdant en un moment l'héritage de milliers d'années, nous nous retrouvions avec les croyances ou les notions des populations fétichiques ; et aussitôt la

civilisation actuelle s'abimera ; une véritable révolution rétrograde s'accomplira, et les hommes re-
tourneront à leur point de départ. Supposez encore,
pour autrement représenter l'enchaînement réel,
que les esclaves conduits par Spartacus aient
triomphé ; croyez-vous qu'il y aurait eu quelque
chose de changé essentiellement ? Pas le moins du
monde. Les esclaves se seraient installés à la place
des maîtres ; ils auraient possédé des esclaves à
leur tour. C'eût été une substitution de personnes;
or, ce qui importe à la civilisation commune, c'est
non pas une substitution de personnes, mais une
substitution de doctrines.

Le prolétaire moderne , outre la jouissance infinie attachée à la possession complète de soi et de
sa famille , a gagné la ferme conscience qu'il a
droit à l'éducation commune quelqu'élevée qu'elle
puisse être, et que tout, dans la société dont il fait
la plus nombreuse partie, doit être voué au bien-
être général. C'est là ce qu'il faut entendre quand
on parle de l'avénement de la démocratie. Oui, la
démocratie arrive, mais elle arrive pour consolider
et perfectionner les fonctions du grand corps de
l'humanité, ne supprimant que ce que le temps a
rendu parasite, royautés, noblesses et clergés, et
effaçant à tout jamais les nécessités sociales qui
voulurent que l'évolution universelle se fît par
l'ascension graduelle des masses prolétaires. Le
juste respect de toutes les supériorités, soit tem-

porelles, soit spirituelles, non-seulement se concilie avec les deux conditions ci-dessus énoncées, mais encore, si l'on veut bien réfléchir à l'état actuel des esprits, on verra qu'il ne peut désormais être obtenu qu'à ce prix.

Le résultat naturel de l'extension révolutionnaire après la rupture de l'unité catholique a été **l'extension** progressive de cet immense prolétariat moderne. Plus la situation s'est nettement dessinée, plus se sont prononcées les tendances prolétaires à sortir de l'ancien système. Partout elles ébranlent les institutions du passé; partout ce travail de rénovation devient plus manifeste et plus actif. Et rien ne peut dorénavant faire renoncer les prolétaires à l'instinct qui les pousse. Leur soumission d'autrefois dépendait de leur acquiescement à l'ordre établi, c'est à dire de la complète acceptation que leur intelligence et leur cœur faisaient de la foi religieuse. Or, la révolution a justement consisté dans l'ébranlement progressif et la destruction de ces croyances. De jour en jour l'émancipation théologique s'étend davantage : le bombardement catholique de Rome montre où cette émancipation en est dans l'Italie elle-même et au chef-lieu de la papauté. Ajoutez qu'à la vue de l'incapacité radicale et chaque fois attestée par de désastreuses expériences de ceux qui entreprennent de nous gouverner, les prolétaires ne peuvent plus croire à la supériorité politique des

classes qui sont dans l'habitude de fournir ces tris-
tes gouvernants. Ajoutez encore qu'ils commen-
cent à ne pas moins sentir leur supériorité morale ; indépendamment de ces misérables palino-
dies atteignant tour à tour les prétendus hommes
d'état et témoignant que toute conviction est éteinte
dans leurs cœurs , il est un contraste qui frappe
les yeux ; depuis la terrible bataille de 93 , où le
peuple ne ménagea pas des classes qui ne l'avaient
pas ménagé, où, comme dit Byron, il sentit sa force
et la fit sentir (*mankind have felt their strength
and made it felt*), depuis lors, dis-je, les révolutions ont été clémentes et magnanimes ; mais
les contre-révolutions n'ont pas encore cessé d'ê-
tre sanguinaires.

A la vue de l'armée populaire , toujours croissante et toujours plus déterminée, les classes,
dites supérieures , se sont écriées : Voilà les barbares ! et volontiers , dans leur effroi rétrograde ,
elles invoqueraient le secours des vrais barbares,
des serfs septentrionaux ; ce que, du reste, en Autriche, elles n'ont pas manqué de faire. Mais les
Cosaques sont loin , et l'armée populaire est partout présente. L'inévitable problème reste toujours
le même : rétablir entre les esprits une convergence analogue à celle qui , jadis, assura la durée
des institutions passées. Comment y réussira-t-on,
si ce n'est par une doctrine commune, librement
discutée et librement acceptée ?

IV.

Socialisme (1).

Le socialisme a surgi peu d'années avant la fin de la Restauration. Trop vague pour exprimer une doctrine, assez significatif pour caractériser une tendance, un sentiment, une situation, il sert de drapeau, et ne peut pas, pour le moment, servir à autre chose. Tous ceux qui veulent que la révolution s'arrête ou recule sont contraires au socialisme, tous ceux qui veulent que la révolution arrive à son terme lui sont favorables.

Quand la grande révolution de 89 éclata, les rapides démolitions montrèrent combien l'ancienne institution était profondément ruinée dans les esprits, mais elles montrèrent aussi que l'efficacité négative des nouvelles idées était, dans cette première phase, bien plus grande que leur efficacité positive. Le renversement procédait avec une facilité et une sûreté sans exemple ; mais rien n'était prêt pour la reconstruction. Aussi ne sut-on alors qu'importer chez nous une imitation du régime

(1) *National*, 20 août 1849.

anglais. A la vérité, tout d'abord, ce mécanisme, véritablement arriéré pour la France et même pour le reste du continent, refusa de fonctionner; et la Convention dans le sens progressif, Napoléon dans le sens rétrograde, gouvernèrent dictatoriale-lement. A peine encore peut-on compter à ce régime la Restauration avec sa Charte octroyée et ses ordonnances de juillet pour commentaire. Mais, dès ce moment, la paix si éminemment favorable au progrès des idées révolutionnaires, fit comprendre que la grande rénovation de 89 n'était encore qu'à sa première moitié, à sa moitié la plus facile, celle où il s'était agi de se débarrasser d'un passé devenu oppresseur; et alors surgit le socialisme, se donnant pour tâche de déterminer les conditions organiques du régime futur. La période vraiment constitutionnelle fut celle de la quasi-légitimité, où l'on s'efforça de reprendre en sous-œuvre le fragile édifice à l'aide d'une espèce de bourgeoisie privilégiée; mais la chute spontanée, qui ne tarda pas beaucoup, confirma l'impuissance de telles institutions et les aspirations du socialisme.

Par une autre voie encore, le socialisme pénétra dans les mœurs. Le progrès des sciences et le changement intellectuel qui s'en était suivi; en d'autres termes, la révolution avait eu pour effet nécessaire l'affranchissement des classes inférieures et leur avénement à une vie de plus en plus complète. A mesure que ce phénomène social s'opérait parallèment au phénomène mental , ces classes prenaient à la fois conscience de leur misère intellectuelle et matérielle et de leur importance dans l'État. Il devenait peu à peu évident que les priviléges, qui jadis avaient servi à l'évolution de l'humanité, ne pouvaient subsister davantage, et qu'il n'y avait plus aucune raison pour ne pas consacrer au service de tous les forces de tous. Ce fut donc la prépondérance croissante des classes inférieures qui donna une tendance morale à la politique et amena, par une nécessité manifeste, les idées socialistes. Je laisse de côté l'examen de ce qu'elles valent scientifiquement et comme solution positive ; je constate que le sentiment qui les suscite non seulement est le prolongement direct de la révolution inaugurée par nos pères, mais aussi est, comme cela devait être, l'expression des besoins populaires, et inspiré par une morale supérieure à la morale des temps passés.

Mon intention n'est pas de faire ici la revue des divers systèmes qui ont pris naissance ; j'aime mieux exposer comment un esprit a été conduit à se ranger sous la discipline de la philosophie positive. Cette histoire, tout individuelle qu'elle paraît, n'en est pas moins d'une application générale, étant l'histoire du groupe déjà consistant qui adhère à la nouvelle doctrine et de ceux qui y adhèreront dans l'avenir. Quoique des assentiments isolés puissent émaner de toutes les écoles qui présentement se partagent la politique, néanmoins il est vrai que la meilleure préparation est la préparation révolutionnaire. Il importe qu'on ait pensé comme les philosophes du XVIIIe siècle sur l'affranchissement mental, comme l'Assemblée constituante sur l'affranchissement des classes, comme la Convention sur l'héroïque défense du territoire et la dictature progressive. A la vérité, une telle disposition crée de graves préjugés dont il faudra se dépouiller en passant à la philosophie positive ; mais, tout compensé, elle est, du moins en France, incomparablement la plus favorable.

C'était la mienne. L'étude des sciences m'avait montré l'incompatibilité absolue de la conception du monde telle qu'elle résulte des faits observés, avec la conception théologique. En outre l'avénement manifeste de l'immense prolétariat ne permettait plus d'accepter pour l'homme moderne les conditions sociales qui avaient été suffisantes pour l'homme du moyen âge ou pour celui de l'antiquité. De la sorte, l'esprit et le cœur s'accordaient pleinement pour sanctionner la marche révolutionnaire des choses et se ranger sans réserve parmi le grand parti qui travaillait avec ardeur et travailla avec succès à empêcher toute rétrogradation essentielle. Mais à ce point le terrain manque et l'on perd la route qui doit conduire plus avant, La révolution n'est pas finie, la chose est bien évidente, soit que l'on consulte l'empirisme et les faits, soit que l'on consulte la raison. L'empirisme nous déroule incessamment sous les yeux les agitations de la France, qui fut le foyer primitif, et la propagation de l'ébranlement à toute la communauté européenne. La raison enseigne que la révolution ne sera close qu'à la condition d'établir un ordre analogue mais supérieur à l'ordre contre lequel les populations modernes s'insurgent depuis tantôt trois cents ans. Laissons de côté, comme de juste, les tentatives de l'école rétrograde proposant, à chaque occasion, des restaurations plus anarchiques que tout ce qui peut s'imaginer. Laissons de côté aussi le régime constitutionnel, jugé insuffisant encore plus peut-être par les fruits qu'il porte en Angleterre, son pays natal, que par son insuccès sur le continent. Alors on reconnaît que la révolution apporte comme éléments de réorganisation la liberté de la presse, la liberté de conscience, la libre concurrence, la souveraineté populaire, le suffrage universel, le droit d'association et de club; conditions dont les unes sont déjà ou seront définitivement incorporées à la sociabilité moderne, dont les autres sont destinées à subir des modifications, et qui, toutes, ont pour efficacité d'ôter les obstacles devant les tendances naturelles de la société, mais qui, par conséquent, ne peuvent prétendre à être ces tendances mêmes. Prendre ces très importantes garanties pour la solution, c'est prendre le moyen pour le but.

Cette situation, qui, dans l'ordre général, avait amené la naissance du socialisme, devait, dans l'ordre particulier, déterminer un esprit isolé à consulter ce même socialisme. Mais, ici encore, la difficulté fondamentale se représentait sous une autre forme. Les systèmes socialistes sont divers ; comment opter ? Et, n'y en eût-il eu qu'un seul, à quel signe reconnaître qu'il avait la vérité pour soi ? L'opinion commune est que les phénomènes sociaux ne sont pas soumis à une loi naturelle qui en détermine tout le cours. Dès lors, ceux qui étudient ces phénomènes se trouvent placés à peu près dans la situation des physiciens de l'antiquité étudiant les phénomènes physiques ; ils établissent *à priori* des principes, et, d'après ces principes, ils donnent la solution du problème pendant. Accepter un principe ainsi trouvé ou choisir entre les principes divers qu'une pareille méthode devait nécessairement fournir, est chose impossible ; car une telle détermination serait arbitraire, et, par conséquent, il n'y aurait aucune chance de la rendre communicable et générale. La froide raison serait toujours autorisée à s'abstenir. A la vérité, le sentiment, dont plus haut j'ai apprécié la justesse et la force, vient en aide, mais c'est à tort, et ici son rôle est interverti : le sentiment donne de la chaleur et de la vie à ce que la raison a trouvé, mais il ne peut jamais fonder les théories scientifiques. Il faut franchir le pas entre les croyances surnaturelles qui s'épuisent et les croyances naturelles qui vont croissant. Celles-ci, qui embrassent déjà un si grand domaine, seront complètes quand, prouvant que la société a une évolution propre et indépendante de tout arbitraire humain, elles auront définitivement soustrait l'ensemble des choses aussi bien à la métaphysique qu'à la théologie. Ainsi, la science seule, ou déjà trouvée ou à trouver, est l'arme par laquelle le socialisme s'intrônisera dans le monde moderne.

Entre les divers sytèmes auxquels ce nom est dû, il en est un qui satisfait pleinement à la condition voulue. La philosophie positive commence par placer les sciences dans leur rapport de subordination et montrer comment elles tiennent l'une à l'autre. J'avouerai même que c'est cette lumineuse conception qui, s'imposant de prime-abord à ma conviction, a frayé le chemin à tout le reste. Puis, ce qui n'est pas plus contestable, elle enseigne que la théorie de la société est étroitement dépendante de la biologie ou connaissance des êtres vivants; et, comme la biologie, à son tour, dépend de toutes les sciences antécédentes, il en résulte que la sociologie a pour base le système déjà inébranlable de la biologie, de la chimie, de la physique, de l'astronomie et de la mathématique. Restait à trouver la loi de la sociologie elle-même ; soit qu'elle ait été suggérée par la hiérarchie des sciences, soit qu'au contraire elle l'ait suggérée, toujours est-il qu'elle se met sous cette formule : toutes nos conceptions sont d'abord théologiques, puis métaphysiques, enfin positives. Si l'on veut une expression moins abstraite, on peut se la représenter comme une morale de plus en plus universelle et pure, fondée sur une science de plus en plus exacte et étendue. Qu'on analyse cette expression, et l'on reconnaîtra qu'elle répond à toutes les phases de l'histoire. La découverte de la loi sociologique sera comptée par la postérité comme une des plus difficiles et des plus grandes qui aient signalé la force de l'esprit humain.

Avoir assujéti les phénomènes sociaux au régime scientifique est capital. Car, maintenant, dans la décadence de toute théologie et de toute métaphysique, c'est l'unique condition du ralliement des intelligences. Quiconque voudra suivre la route, laborieuse sans doute, que j'ai indiquée, quiconque voudra ne passer aux conceptions les plus compliquées qu'après avoir fortifié sa raison par l'étude des plus simples, quiconque prétendra ne parvenir aux choses sociales qu'après s'être abreuvé aux sources élémentaires du savoir, sera inévitablement saisi par la conviction scientifique, par cet acquiescement, absolument involontaire, de l'esprit aux vérités démontrées ; et quiconque aussi, se représentant le désordre actuel des intelligences, comprend qu'il n'y a d'anarchie dans les faits que parce qu'il y en a dans les idées, appréciera le bienfait d'une doctrine toujours et partout démontrable.

Reconnaissable à la sérieuse préparation qu'elle exige, la philosophie positive ne l'est pas moins à la manière dont elle conçoit la fin de la révolution. Le problème économique, en d'autres termes l'organisation du travail, est ce qui a particulièrement appelé les préoccupations du public dans ces derniers temps. Ce problème d'une si grande importance, en effet, pour les prolétaires qui forment la plus grande masse des travailleurs, la philosophie positive le déclare insoluble par la méthode directe; mais elle le résout indirectement. Elle enseigne que la réformation, si elle veut n'être ni anarchique ni illusoire, doit commencer par être intellectuelle et morale. En un mot, prétendant qu'on n'arrivera à rien dans l'ordre temporel qu'après avoir renouvelé l'ordre spirituel, à rien dans les institutions sans avoir réglé les mœurs, elle indique comme l'objet prépondérant l'éducation, dont le reste découlera.

En ceci c'est l'histoire même qui la guide. Quand il se fait un changement dans les conditions matérielles de la société, sans changement préalable dans les idées, il en résulte des substitutions quelconques, mais jamais une révolution.

Or, que nous importeraient des substitutions? C'est d'une révolution, et d'une révolution profonde, qu'il s'agit aujourd'hui pour l'humanité. Au déclin du paganisme et avant l'avénement du christianisme, la position du problème social était la même qu'aujourd'hui. Si l'on eût essayé de réaliser par la voie économique, par la voie temporelle, les grands bienfaits que devait apporter la doctrine chrétienne, on n'aurait certainement réussi à rien. Les tentatives eussent été profondément anarchiques, à cause que personne ne pouvait alors se figurer les institutions qui conviendraient à la nouvelle sociabilité; et cela seul eût suffi pour susciter d'insurmontables résistances. Tous les intérêts lésés par ce qui allait former le futur ordre social auraient été intraitables, n'ayant été préalablement disciplinés par aucune morale qui les fît entrer paisiblement et sans murmure dans les combinaisons nécessaires. Au lieu de cette méthode directe et impraticable pour la solution du problème, le progrès spontané de l'évolution humaine employa la méthode indirecte et réussit. Sous la convergence mentale inspirée par une doctrine commune, sous la meilleure morale qui en était le fruit, on vit tomber les chaînes serviles, et le seigneur féodal tenu à des obligations envers le serf prendre la place du maître romain sans obligation envers l'esclave.

Autre exemple : la suite des événements mon-

tre qu'à la sortie du moyen âge devait s'établir
l'égalité civile et politique des citoyens, ce qui est
la situation de l'âge moderne; et cela, afin que,
le grand nombre étant devenu prépondérant, la
nouvelle morale puisse s'installer. Eh bien! admettons que l'égalité civile et politique, idée qui
ne fut aucunement étrangère à la hardie assemblée
siégeant à Paris dans le milieu du quatorzième
siècle et au soulèvement des Jacques, admettons,
dis-je, que cette idée eût voulu s'établir alors dans
la société et faire table rase comme elle fit en 1789.
Des résistances infinies auraient accueilli une telle
tentative. Aussi n'est-ce pas ainsi que procéda la
logique cachée mais irrésistible de l'histoire. Le
problème fut encore tourné et attaqué par le côté
qui seul en permettait la solution, par le côté intellectuel et moral. Les sciences, dans leur progrès continu, ruinèrent l'ordre théologique, base
de l'ordre politique; à mesure que les croyances
se dissipaient, les institutions devenaient vacil-
lantes; et à la fin, quand le travail intellectuel eut
été suffisamment prolongé ce fut assez du décret
d'une assemblée pour faire passer dans le gouvernement ce qui était déjà dans les esprits et dans les
cœurs.

Tel est l'enseignement empirique de l'histoire.
L'enseignement théorique n'est pas autre. En
effet, ce qui décide le développement de l'humanité, c'est le développement de la science L'une
serait éternellement immobile si l'autre était éter-

nellement rudimentaire. De même que la hauteur de la colonne de mercure détermine exactement la pesanteur de la colonne atmosphérique correspondante, de même le baromètre scientifique indique très précisément l'élévation de la civilisation commune. Ce n'est pas l'état social qui fait marcher la science, c'est la science qui fait marcher l'état social. Cette subordination est irréfragable. Aussi, ceux du parti révolutionnaire qui prétendent promouvoir les réformes sociales tout en conservant les croyances théologiques sont impliqués dans une entreprise contradictoire. Les réformes sociales ne peuvent être obtenues que par l'extinction des croyances théologiques, devenues incompatibles avec tout le système scientifique. N'espérez donc pas, avant d'avoir perfectionné ce régime et de l'avoir fait pénétrer dans les intelligences, n'espérez pas réaliser dans les faits les améliorations que vous poursuivez ; et la philosophie positive, qui est un immense perfectionnement de la science, signale en même temps l'emploi qu'il faut faire de ce perfectionnement pour passer, comme il ne peut être autrement, de la réforme des esprits à celle des institutions.

Le même raisonnement s'applique sans restriction à la morale, dont l'évolution, dépendant étroitement de l'évolution scientifique, réagit ensuite directement sur la société. Les institutions et la condition d'un peuple sont toujours l'application de la morale qui y est dominante. Il faut

être aussi profondément plongé que l'est l'époque
actuelle dans l'erreur qui confond les attributions
du pouvoir spirituel et du pouvoir temporel, pour
croire à l'efficacité de prescriptions légales, de
mesures politiques qui ne sont pas en accord avec
les mœurs. Changez les mœurs, et ce que vous ne
pouvez obtenir à force de règlements et de péna-
lités, s'obtiendra de soi-même. Pris en général,
les hommes ne violent ni n'éludent les conditions
acceptées par leur conscience.

A ce point de vue, la philosophie positive
paraîtra plus révolutionnaire qu'aucune autre
doctrine ; elle l'est en effet. Réformant l'intérieur
de l'homme, son esprit et son cœur, elle modifie
de fond en comble le régime social. Mais en
même temps elle n'a rien de perturbateur, car
elle commence par faire acquiescer les parties
intéressées. En un mot, elle satisfait pleinement
à sa devise caractéristique : *Ordre et progrès.*

Cette longue discussion, je la résume par une
citation du *Discours* de M. Comte : « Toutes
les écoles rénovatrices s'accordent aujourd'hui à
s'occuper surtout du peuple, pour l'incorporer
dignement à la société moderne, qui, depuis la
fin du moyen-âge, prépare sa constitution finale.
Elles coïncident aussi, quant à la nature des
grands besoins sociaux propres aux prolétaires,
d'une part, l'éducation normale ; de l'autre, le
travail régulier, également dignes de systématisation. Voilà tout ce que le positivisme offre de

vraiment commun avec nos diverses doctrines progressives. Mais il se distingue profondément de toutes par sa manière de concevoir et d'accomplir cette double organisation. Il regarde la seconde systématisation comme nécessairement fondée sur la première, tandis que jusqu'ici on les suppose simultanées, ou plutôt, on s'efforce de régler le travail avant de constituer l'éducation. Quoique cette différence d'ordre semble d'abord peu décisive, elle suffit pour changer radicalement le caractère et la marche de notre régénération. Car le mode qui prévaut encore revient, au fond, à tenter la réorganisation temporelle indépendamment de la spirituelle ; c'est-à-dire, à construire l'édifice social sans bases intellectuelles et morales. De là résulte, pour satisfaire aux justes exigences populaires, la préférence stérile et subversive accordée aux mesures politiques, dont l'efficacité semble immédiate. Au contraire, le positivisme est pareillement conduit à faire prévaloir l'influence paisible et certaine, mais indirecte ou graduelle, du sentiment et de la raison. En un mot, la double solution du commun problème social sera toujours empirique et révolutionnaire, de manière à rester purement nationale, ou elle deviendra rationnelle et pacifique, avec un vrai caractère européen, selon que l'organisation du travail précédera ou suivra celle de l'éducation (P. 165). »

V.

Éducation et séparation du pouvoir spirituel d'avec le pouvoir temporel (1).

Étant établi dans les articles précédents que la science, depuis ses plus humbles origines, a incessamment tendu à substituer les notions positives aux notions théologiques ou métaphysiques ; étant établi que le progrès continu des sociétés a été subordonné au progrès continu des sciences ; étant établi qu'il n'y a réformation radicale dans l'ordre matériel qu'après une réformation radicale dans l'ordre intellectuel et moral, il faut indiquer quelles sont les bases de l'éducation future d'où dépendent les deux réformations subordonnées l'une à l'autre.

L'éducation actuelle se divise en deux parties profondément séparées et même attribuées chacune à deux corporations différentes, l'éducation proprement dite et l'instruction. L'éducation appartient à la corporation ecclésiastique, et l'instruction à la corporation universitaire. A la vérité,

(1) *National*, 27 août 1849.

le clergé a souvent essayé et essaie encore de rentrer dans la possession de l'instruction ; quand il était maître du gouvernement, sous la restauration, c'était à l'aide du monopole, et alors les libéraux réclamaient la liberté ; quand il eut perdu cette position par la révolution de juillet, il réclama la liberté, et les libéraux se remparèrent derrière le monopole. En ceci, comme dans tout le reste, les classes qui gouvernent la France n'ont plus aucun principe ; tout est expédient pour elles ; et les rapides changements de la situation politique permettent de voir, à peu de distance, les mêmes personnages soutenir ce qu'ils avaient combattu, combattre ce qu'ils avaient soutenu. Rien ne profite plus que le spectacle de cette profonde immoralité aux classes populaires, qui jugent avec une sévérité croissante leurs prétendus supérieurs.

En tout cas, l'impuissance des deux corporations à se supplanter a été complète. L'Université n'a jamais eu de prétentions bien nettes à donner l'éducation ; et d'ailleurs le pays n'aurait pas voulu charger de l'enseignement de la morale une métaphysique bien plus propre à compromettre les plus saines notions par ses subtilités et son caractère éminemment subjectif, qu'à les graver dans les âmes et les développer. D'autre part, le clergé a toujours laissé hors de ses plus ambitieuses prétentions les établissements scientifiques. Un tel antagonisme, qui résulte nécessairement de tout notre passé historique , se prolongera jusqu'à ce qu'une doctrine, réunissant ce qui , de sa nature , est inséparable et n'a été séparé que par le travail révolutionnaire des trois cents dernières années, donne une meilleure instruction que la corporation laïque et une meilleure éducation que la corporation ecclésiastique.

La philosophie positive m'a trop bien appris à vénérer la morale du moyen-âge , pour que je n'y voie pas un immense progrès sur celle de l'antiquité, et le fondement inattaquable de la morale qui doit prévaloir. Mais aujourd'hui, après l'élaboration scientifique et sociale qui a caractérisé l'époque moderne, elle est devenue tout à fait insuffisante : insuffisante comme simple conservation du point obtenu ; insuffisante surtout comme développement ultérieur. Pour le premier chef, la morale du moyen-âge, étant adhérente à des croyances théologiques , souffre de la décadence progressive de ces croyances ; on a beau les inculquer aux enfants, il arrive un moment où, respirant l'atmosphère moderne , la plupart deviennent, comme on le voit partout aujourd'hui en Europe , indifférents ou hostiles. On conçoit que, dans ce déchirement, les règles morales les plus précieuses sont souvent compromises par le ruineux appui que l'ancienne doctrine leur donne ; et, sans parler ici des égarements privés, il suffit, dans l'ordre public, de signaler les aberrations métaphysiques touchant la famille , le mariage , la prétendue émancipation des femmes , la sanctification des passions et le reste.

Quant au second chef, l'inefficacité est encore plus notoire ; et depuis longtemps déjà la morale du moyen-âge a produit tout ce qu'elle pouvait produire. Une saine analyse des choses découvre la raison de ce fait historique. D'abord une telle éducation est dépourvue de toute culture intellectuelle un peu étendue ; elle consiste en une série de prescriptions dont la sanction repose sur une autorité surnaturelle. A la vérité, dira-t-on, il est toujours loisible d'ajouter à cette éducation l'instruction qui sera jugée nécessaire ; mais là se représente la grande difficulté moderne : la science étant inconciliable avec la théologie, on ne peut jamais fortifier un côté sans affaiblir l'autre : ou plus d'instruction et moins de foi, ou plus de foi et moins d'instruction, voilà le dilemme inextricable où l'on se débat depuis que le monde catholico-féodal penche vers son déclin. En second lieu, destinée à des populations opprimées , et ayant essentiellement eu pour office social de faire disparaître l'esclavage, une telle éducation n'est plus en rapport avec les tendances d'un milieu où le plus humble individu est émancipé. Suivant la remarque de M. Comte , dans l'ordre ancien elle eût été subversive ; dans l'ordre moderne elle serait servile et insuffisante : on ne peut mieux faire comprendre le caractère de cette éducation, intermédiaire, comme le temps où elle régna, aux besoins de l'antiquité et à ceux de l'ère moderne. Excellente pour maintenir une société dont elle était en effet la clé de voûte, elle n'avait, au-delà de ce point, à recommander que la résignation chez les uns, et l'aumône chez les autres, l'aumône sous toutes les formes, et parfois sous les formes les plus touchantes. Il suffit d'indiquer cette inévitable issue pour montrer en quoi est insuffisant le régime dont il est ici question. Vainement on prétendrait agrandir son domaine et lui frayer une voie ultérieure : qui ne voit maintenant la solidarité des choses? qui ne voit que, pour donner l'extension sociale que réclament les exigences nouvelles, il faut s'adresser à d'autres conditions que celles-là mêmes qui tombent au fur et à mesure de cette extension? Si c'est pendant qu'elle s'établissait que l'esclave est sorti de ses chaînes pour être recueilli par le servage, c'est pendant qu'elle s'écroulait que le serf a été émancipé pour arriver au prolétariat. Il y a donc là une limite naturelle mise à son efficacité. En effet (et c'est le troisième côté par où il faut la considérer), au-dessus de la morale antique essentiellement individuelle, elle est, elle, essentiellement domestique, et c'est pour cela qu'elle a si heureusement influé sur le sort de l'esclave ancien ; mais elle n'est pas directement sociale. Plaçant en dehors de toute vie sociale le but de chaque existence, elle renferme chacun dans le soin d'un égoïsme qu'elle flatte par des espérances chimériques, il est vrai, mais indéfinies, et elle a pu mettre l'ascétisme solitaire et inutile de l'anachorète au-dessus de l'activité féconde du citoyen. On conçoit comment une pareille direction est contraire à l'élaboration qui préoccupe les sociétés actuelles.

Ajoutez une condition sans doute accessoire, mais qui pèse grandement dans la balance de l'histoire, et qui n'a pas peu contribué à faire monter ce plateau qui, suivant le vieil Homère, s'élève quand une destinée finit. Il a toujours été fort difficile, dans le monothéisme, de maintenir la convergence intellectuelle sur un *credo*, incessamment sujet à toutes les objections de la métaphysique ; et cependant cela était d'une importance capitale, car, indépendamment des intérêts imaginaires qui y étaient attachés, il y en avait de très-réels et de très-respectables, à savoir l'ordre public, lequel, comme les évènements révolutionnaires des trois cents dernières années l'ont fait assez voir, dépendait de l'assentiment donné. Aussi eut-on recours, pour contenir les divergences, à des moyens violents, à des sévérités effroyables, à l'inquisition. Ces répressions, tant que la conscience religieuse ne fut pas ébranlée chez les peuples, ne passèrent que pour des nécessités cruelles ; mais quand elle fut ébranlée, tout parut odieux à la fois, les moyens et le but ; et les persécutions d'un pouvoir devenu rétrograde, ne firent plus que hâter sa décadence.

J'ai longuement insisté sur cette insuffisance, qui est, en effet, un point capital dans toute notre révolution moderne. J'aurais pu aussi bien, prenant la question par un autre côté et invoquant le fait au lieu de la théorie, signaler dans l'Europe deux pays où le régime catholique, indûment prolongé, a exercé une funeste influence ; ces deux pays sont les États Pontificaux et l'Espagne. Là, bien évidemment, tout est resté stationnaire et arriéré, et les choses n'y reprennent leur cours régulier que par l'introduction toute récente des principes révolutionnaires. Pourquoi ce retard malfaisant? Pourquoi cette introduction bienfaisante? Pourquoi?... Parce qu'il y avait insuffisance mentale dans le régime qui avait réussi à se perpétuer grâce à la compression.

Par une concordance inévitable, mais qui n'a rien de compensateur, l'insuffisance est analogue dans l'instruction que donne le régime universitaire. Cette instruction est au fond celle qu'à l'origine recevaient les prêtres, et qui se réduisait surtout à l'étude de leur langue sacrée, plus la culture dialectique nécessaire à la défense de leurs dogmes. Il n'entra jamais dans l'esprit de la philosophie positive de nier l'efficacité relative des institutions qui ont eu leur durée ; cette instruction littéraire et métaphysique a servi l'évolution moderne : littéraire, elle a favorisé accessoirement le développement esthétique ; métaphysique, elle a aidé à la dissolution des croyances théologiques. Mais, pour en caractériser l'insuffisance et l'irrationalité, il suffit de remarquer que ce système prétendu universel n'a jamais embrassé les prolétaires ; et, toutes les fois que l'ascension des classes nouvelles a fait sentir la nécessité de le modifier, ou bien on a songé à des instructions professionnelles, ou bien on l'a surchargé de suppléments scientifiques sans coordination, soit entre eux, soit avec le système originaire. Je n'appuierai pas davantage là-dessus ; il est bien évident que, si, par impossible, on étendait ce système aux prolétaires, on leur donnerait seulement des moyens d'expression et de critique. Or, des moyens de critique sont devenus passablement inutiles, du moins en France, où la dissolution de l'ordre ancien est tellement avancée ; et des moyens d'expression, sans conception correspondante, ne sont propres qu'à faire prévaloir l'imagination sur la raison et à troubler la rectitude du sens ; trouble aujourd'hui si manifeste parmi nos classes lettrées.

Telle est la situation réciproque de l'éducation et de l'instruction. Elles se tiennent en échec. Dans le sentiment confus de son double besoin, la société ne permet ni à la théologie de s'emparer de l'instruction, ni à la métaphysique de s'emparer de l'éducation. Quelles que soient les oscillations politiques et les espérances contradictoires qu'elles suscitent, rien ne peut trancher l'insoluble imbroglio. Décrépitude et impuissance ! Ce triste débat n'est, dans les termes où il est posé, susceptible d'aucune fin.

Quittons cette agitation stérile pour venir à des conditions meilleures, où l'éducation et l'instruction, cessant d'être hostiles l'une à l'autre, seront distribuées par un même pouvoir, appliquées à un même service, et où le cœur et l'esprit trouveront une satisfaction commune. En voici le plan : « La marche générale de l'éducation systématique, dit M. Comte, page 170, est tracée, sans aucune incertitude, par la loi encyclopédique qui détermine la hiérarchie des sciences. Car les études scientifiques du prolétaire doivent se rapporter, comme celles du philosophe, d'abord à notre condition inorganique, ensuite à notre propre nature, personnelle et sociale, pour constituer la double base rationnelle de notre conduite réelle. On sait que la première classe comprend deux couples de sciences préliminaires, l'un mathématico-astronomique, l'autre physico-chimique. A chacun d'eux, l'initiation positive consacrera deux années. Mais l'extension supérieure et la prépondérance logique du premier obligeront alors à deux leçons hebdomadaires, tandis qu'une seule suffira réellement pour tout le reste de l'éducation prolétaire. Les exigences beaucoup moindres de l'apprentissage industriel, à ce début, permettront naturellement ce surcroît initial d'occupations spéculatives. A cette préparation inorganique succédera l'étude biologique, aisément susceptible alors d'être condensée en une cinquième année, dans un cours de quarante leçons vraiment philosophiques et populaires. D'après tout ce préambule indispensable, une sixième année, de même durée didactique, systématisera définitivement toutes les spéculations réelles par l'étude directe de la sociologie, qui rendra familières les vraies notions sur la structure et le mouvement des sociétés humaines, surtout modernes. Un tel fondement permettra à la dernière de ces sept années du noviciat positif de diriger immédiatement l'ensemble de cette éducation vers sa principale destination sociale, par l'exposition méthodique de la morale, dont chaque démonstration essentielle deviendra alors pleinement appréciable, suivant la saine théorie du monde, de la vie et de l'humanité. Pendant tout ce cours d'études, le trimestre libre de chaque année sera partiellement consacré aux examens publics destinés à constater l'assimilation de toutes les connaissances antérieures. Les exercices esthétiques de la première éducation se prolongeront volontairement au milieu des travaux scientifiques de la seconde, pour peu que les goûts naturels s'y trouvent sagement encouragés. Ils feront naître accessoirement, dans les deux dernières années de l'initiation philosophique, l'étude de nos deux principales langues anciennes, à titre de complément poétique, lié d'ailleurs aux théories historiques et morales dont le prolétaire sera alors préoccupé. Si l'habitude du grec intéresse surtout nos origines esthétiques, celle du latin est encore plus utile au plein sentiment de notre filiation sociale. »

Tels sont les linéaments généraux de l'éducation populaire, absolument universelle et comprenant aussi les femmes, sauf les modifications que comporte la nature des choses. Elle est pleinement historique ; car elle résume tout notre passé ; elle est pleinement philosophique, car elle systématise tout ce qui n'est et n'a pu être jusqu'à présent que fragmentaire ; elle est pleinement satisfaisante, car l'esprit, qui depuis la fin du moyen âge est en insurrection contre l'enseignement religieux, n'a rien là qu'il ne sanctionne ; elle est pleinement morale, car, après avoir donné à l'esprit la satisfaction scientifique qu'on ne peut lui refuser sans compromettre l'ordre social, elle le subordonne au cœur, comme le veut la saine théorie de la na ture humaine ; elle est pleinement rationelle, car, sans rien sacrifier, elle accorde la prépondérance à la culture de la raison sur celle de l'imagination ; elle est pleinement progressive, car elle suit le grand courant de la science, et, différente en cela des conceptions théologiques, elle n'a rien à craindre des découvertes les plus lointaines ; elle est pleinement conservatrice, car, soumettant toutes les intelligences aux conditions du monde inorganique, de la vie et des sociétés , et tous les cœurs aux besoins de la sociabilité, elle écarte les tendances anarchiques, d'autant plus menaçantes que les conditions du monde inorganique , de la vie et des sociétés sont moins connues.

Une telle éducation dépassant infiniment celle qui est aujourd'hui le partage des plus instruits , ne se trouvant encore que chez le petit nombre de ceux qui ont eu le courage de refaire leurs études sur le plan de la philosophie positive , et néanmoins étant destinée au plus humble prolétaire, une telle éducation, dis-je, soulèvera, comme impossible, la clameur du préjugé. Je laisse de côté l'irrationalité de notre enseignement actuel, où tout se fait en vue des détails, rien en vue de l'ensemble ; où le temps se gaspille sans profit, et où il n'y a pas moins d'amendement à introduire pour la forme que pour le fond : ce qui revient à dire qu'il faut changer les savants en philosophes. Je laisse de côté aussi l'état présent du prolétaire, où l'exploitation de l'enfant, de la femme et de l'homme est poussée à des limites contre lesquelles le sentiment a souvent réclamé et a parfois suscité des mesures législatives: c'est en examinant le gouvernement temporel , que j'indiquerai comment, sans compromettre ni l'apprentissage ni le travail , il est possible de créer des loisirs suffisants. Je viens sur-le-champ à l'idée principale d'une telle éducation , c'est-à-dire à l'institution d'un pouvoir éducateur, ou philosophique, ou spirituel. Cette dernière dénomination , consacrée par la tradition historique, est la meilleure. Il faut, dans toute légitime organisation de la société, depuis l'admirable ébauche inaugurée par le catholicisme , il faut un pouvoir uniquement consacré à distribuer l'éducation populaire, complétement indépendant , en ses fonctions, de l'autorité temporelle , et ayant auprès de la conscience de chacun à faire valoir le droit de la morale commune. La confusion des deux pouvoirs élémentaires est un effet de la situation révolutionnaire ; leur séparation seule y mettra fin. L'état n'a empiété sur l'ancien pouvoir spirituel que parce que celui-ci était devenu rétrograde ; il rentrera dans ses attributions devant un pouvoir spirituel devenu progressif. La morale , comme l'a très bien vu le catholicisme, doit tout primer : or, elle ne le peut qu'à la condition d'avoir dans la société un organe uniquement chargé de cette auguste fonction. Et, finalement , qui ne reconnaît qu'ici la morale et l'éducation se confondent ?

On doit de plus remarquer que séparer le pouvoir spirituel d'avec le pouvoir temporel, c'est, en d'autres termes, séparer la théorie d'avec la pratique. Or , personne ne conteste plus , dans tous les départements de la connaissance humaine, que cette séparation est indispensable et aussi favorable à la pratique qu'à la théorie. Comment en serait-il autrement pour les spéculations les plus compliquées et les plus difficiles, à savoir les spéculations sociales ? Comment, ici, ne conviendrait-il pas plus encore , s'il est possible , qu'en tout autre cas, de distinguer entre l'art et la science , entre la pratique et la théorie , et de remettre l'une et l'autre en des mains différentes? Au reste, en ceci, on constate une application de la grande loi historique découverte par M. Comte : plus une science est compliquée, et par conséquent a tardé à se constituer , plus l'art correspondant y est resté longtemps adhérent. Ainsi la biologie , l'une des sciences les plus compliquées et les plus tardives, ne fait que de se dégager de l'art médical ; et la sociologie, encore plus compliquée et plus tardive, n'est pas sortie de sa confusion avec l'art politique.

A l'impossibilité alléguée d'un côté , peut-être répondra-t-on d'un autre côté en alléguant l'inefficacité. Quoi! dira-t-on, c'est quand de toute part on réclame des améliorations matérielles que vous proposez des améliorations mentales ! relisez donc la fable du *Milan* et du *Rossignol*. Je réponds d'abord : Les mesures immédiates ne peuvent pas être radicales, les mesures radicales ne peuvent pas être immédiates ; je recommande à chacun la méditation de cette proposition, et je passe outre. La réforme mentale aura pour conséquence la réforme matérielle ; j'ai montré, dans l'article précédent, l'histoire à la main, qu'il en avait toujours été ainsi. Cependant il n'est pas inutile, par une hypothèse, de signaler la puissance qui lui est inhérente. Je prends le pays de l'Europe où certainement le prolétaire est le plus malheureux, l'Irlande. Eh bien ! supposez qu'en un jour s'opère la réforme qui ne peut être obtenue que par des années, et que chacun s'y trouve tout d'un coup élevé suivant le programme ci-dessus indiqué. Croyez-vous, rien autre cependant n'étant changé, croyez-vous que par cela seul tout ne serait pas changé ? Croyez-vous que riches et pauvres n'auraient pas immédiatement d'autres rapports, et qu'une formidable opinion publique ne surgirait pas à l'instant même pour tout réformer ?

Mais le temps seul peut propager l'éducation positive, qui sera la clôture de la révolution, et j'aurai lieu d'indiquer quelles sont les conditions qui, dans notre état révolutionnaire, doivent la faciliter davantage. Seulement, je demande, dans la perturbation croissante où se trouve l'Europe, je demande aux politiques ce qu'ils comptent faire. Prétendent-ils nous inculquer de nouveau la foi aux clergés, le dévouement aux royautés, l'humilité devant les noblesses? Soit ; mais alors ils savent fort bien qu'ils entreprennent une longue guerre contre l'esprit moderne. Dans tous les cas, comment ce qui , dans sa splendeur, n'a pu se maintenir pourrait-il , dans sa décadence, se rasseoir et se restaurer ? N'ont-ils, au contraire, aucune de ces prétentions, et veulent-ils seulement laisser aller les choses ? Soit encore, mais alors ils abdiquent toute puissance réelle dans le présent et toute gloire dans l'avenir. Mais si cette lutte rétrograde les effraie, ou si cette nullité les humilie, qu'ils considèrent avec attention la direction du grand courant moderne, et qu'ils essaient de trouver autre chose que la réforme mentale proposée par la philosophie positive.

Depuis que ces dernières lignes ont été écrites, le cours public et gratuit que M. Comte faisait au Palais-National a été fermé par l'autorité supérieure, et cela sans aucun prétexte apparent : le professeur en appelait toujours à la raison , à la science, à la philosophie , et jamais aux passions orageuses. Il est aisé de fermer la porte d'une salle ; mais il ne l'est pas d'arrêter une doctrine.

VI.

Organisation temporelle (1).

De même que l'organisation spirituelle a un
avènement nécessaire qui résulte de l'ensemble
de notre passé et de la loi d'évolution présidant
aux destinées de l'humanité, de même il est une
organisation temporelle qui surgit suivant le
point et la conjonction des choses. Tout est ici déterminé ; rien n'est fortuit et arbitraire. C'est
cette vue d'une nécessité qui a engagé plus d'un
penseur dans l'optimisme historique. En effet, il
y a un certain optimisme en ce sens que, l'évolution du genre humain étant un phénomène naturel et tout à fait soustrait aux volontés individuelles, ce qui doit, en gros, arriver, arrive en
effet, et arrive spontanément. Ajoutons une remarque profonde de M. Comte : en tant que dus
à des êtres intelligents, qui tendent toujours à
corriger les imperfections de leur économie collective, les phénomènes sociaux doivent offrir un
ordre moins imparfait que si, avec une égale

(1) *National*, 3 septembre 1849.

complication, les agens en pouvaient être aveugles.
Voilà tout ce qu'il y a de vrai dans l'optimisme
historique, émanation arriérée de l'optimisme
théologique, qui, attribuant l'origine et la direction des sociétés à une providence toute bonne et
toute puissante, chercha par diverses imaginations
à concilier cette prémisse purement subjective
avec la réalité et les faits.

La première restriction à cet optimisme, c'est
que toutes les populations sont loin d'être arrivées
au même degré de civilasation. Ainsi que, dans
une génération, tous les individus ne parviennent
pas à l'âge adulte et à la croissance voulue, les
uns meurent prématurément, les autres restent
contrefaits et au-dessous de la stature commune;
de même, parmi les populations ou membres in-
dividuels du genre humain, les uns ont disparu
sans héritiers, et les autres sont encore à l'état
d'avorton, d'enfant ou à peine d'adolescent. Ce
que le grand poète placé à l'aurore de la civilisation a dit des familles humaines s'applique aussi
aux nations ; elles sont comme les feuilles, dont
les unes se dispersent au souffle des vents, et les
autres renaissent à la saison nouvelle. La raison
qui fait que l'état social s'arrête chez un peuple
est certainement l'arrêt du développement scientifique. Mais pourquoi la science n'est-elle pas née
ici, et pourquoi, là, ne s'est-elle pas élevée au-
dessus de tel ou tel niveau? Ceci est un digne

objet de recherche pour l'érudition, qui, systématisée comme tout le reste par la philosophie positive, et mise au service de la véritable histoire, ne se perdra point en d'aveugles travaux, en de stériles minuties. Quels que soient les résultats des investigations futures, on en sait assez déjà pour constater que toutes les populations ont suivi une marche identique, ne différant que par le degré où elles sont parvenues; notion fondamentale qui fournira aux populations les plus avancées le moyen de procurer le développement des plus arriérées sans carnage ni extermination, et par une intervention mieux entendue que celle où l'on essaie de faire passer, sans intermédiaire, des peuples fétichiques au monothéisme chrétien.

La seconde restriction à l'optimisme, c'est que l'économie spontanée des sociétés est bien au-dessous de ce que peut la faire le judicieux emploi de l'intelligence humaine. De même que l'activité médicale, soit par l'hygiène, soit par la thérapeutique, prévient ou guérit, sans pouvoir rien changer aux conditions statiques et dynamiques de la vie, une foule de désordres et de maux, de même l'activité politique, sans pouvoir rien changer aux conditions statiques et dynamiques de la société, est destinée à une puissance encore plus grande pour le bien des états. En effet, notre puissance effective est d'autant plus étendue que les phénomènes dont il s'agit sont plus compliqués; nulle quant aux phénomènes célestes, dont la combinaison est la plus simple, elle croît à mesure qu'on passe aux phénomènes de la physique, de la chimie, de la vie et de la société. Aussi rien n'est plus propre que la saine théorie de l'histoire à susciter dans les cœurs le ferme et noble désir de travailler à l'amélioration commune. Ne comptant sur aucune providence pour la santé sociale pas plus qu'il n'y compte pour la santé individuelle, et reconnaissant que, si la seconde dépend jusqu'à un certain point de sa science et de sa sagesse, la première en dépend encore davantage, l'homme, sous cette double notion, se sentira énergiquement sollicité à intervenir dans sa propre destinée.

Ainsi, par ce côté encore se dégage la science sociale. Il y aurait optimisme ou fatalisme, comme on voudrait, suivant l'hypothèse, théistique ou athée, qu'on se ferait du monde, si les phénomènes sociaux n'étaient pas plus modifiables à l'homme que ne le sont les phénomènes célestes. Il y aurait vanité complète de nos efforts et renoncement définitif à toute intervention, s'ils n'étaient gouvernés par aucune règle naturelle et demeuraient incessamment le jouet d'un hasard toujours prêt à défaire le lendemain l'œuvre de la veille. Point de science, si le phénomène n'a pas une loi ; point de puissance, s'il n'est pas assez compliqué pour nous offrir des prises justement proportionnées à sa complication. J'insiste, sous toutes les formes, sur cette conception capitale due à M. Comte, que la société est un phénomène naturel, d'une part soumis à une loi suprême, de l'autre comportant des modifications étendues. Le premier terme est la garantie contre l'anarchie, en persuadant aux hommes que, dans la structure et le développement des sociétés, il est des conditions que rien ne peut ni supprimer, ni intervertir ; le second terme est la garantie contre l'inerte routine et la honteuse rétrogradation en dirigeant l'attention des hommes sur les moyens réguliers d'améliorer l'économie collective.

Après ces prémisses, recherchons quelle est l'organisation temporelle où nous conduit le courant historique ; étant ainsi à l'avance avertis de la combinaison sociale dont nous devons, entre toutes celles qui présentement s'agitent, favoriser l'avénement.

D'aussi grands changements que ceux qui se préparent dans la société moderne ont des causes profondes, qu'il faut chercher dans la société antique. Celle-ci fut essentiellement guerrière. Sans remonter aux vastes empires de l'Asie, il suffit de considérer la Grèce et Rome pour se représenter avec une suffisante exactitude les habitudes et le caractère des classes gouvernantes. Faire la guerre était, si non l'occupation constante, du moins la constante préoccupation. La Grèce, par des raisons qu'il serait trop long de déduire, mais qui sont parfaitement assignables, faillit à la destinée qui l'appelait, et ne sut pas donner à cette activité violente un but déterminé d'assimilation et de conquête. Mais ce grand rôle échut à Rome, dont la main puissante fit, par la guerre, une œuvre sociale et constitua d'une manière définitive le vaste corps de la république occidentale.

Sans doute, sous le régime catholico-féodal, qui suivit, la guerre resta encore la fonction privilégiée de la noblesse. La principale gloire fut celle des armes. Cependant une notable différence se laisse apercevoir ; et celui qui comparera la guerre du moyen-âge avec celle de l'antiquité, comprendra bien, quelles que soient ses idées sur la valeur relative des deux civilisations, que quelque chose de considérable a été changé dans le monde. Les chrétiens guerroient entre eux à peu près comme en Grèce on faisait de cité à cité. Mais la grande affaire est de repousser et de contenir les invasions musulmanes. On ne voit plus (les croisades elles-mêmes ne sont que des opérations défensives), on ne voit plus de ces vastes et persévérantes conquêtes qui signalèrent la période antique. La chrétienté, comme la Grèce contre les Perses, sauve son indépendance, gage de l'évolution future, mais elle n'entreprend pas de franchir ses limites et de s'étendre par les armes. Évidemment l'impulsion militaire est affaiblie : d'autres mœurs, d'autres tendances ont prévalu.

Pour s'assurer que cette décroissance est bien réelle et ne dépend pas de quelque circonstance fortuite, il faut que l'histoire se prolonge, et fournisse de nouveaux termes de comparaison. La décadence du régime catholico-féodal survient, c'est-à-dire la révolution moderne commence. La guerre ne s'éteint pas, il est vrai ; mais, évidemment encore, quelque chose de considérable a été changé dans le monde. En effet, elle devient religieuse, commerciale, révolutionnaire ; mais la guerre pour la guerre et pour la conquête cesse graduellement, du moins parmi les populations européennes les plus avancées, d'être un mobile qui détermine les hommes à sacrifier leur vie et leur avoir.

Enfin, de nos jours, voilà trente-quatre ans d'une paix européenne non interrompue ; et cela au milieu de commotions intestines dont la gravité est extrême. La France a chassé deux fois ses rois ; l'Espagne et le Portugal ont eu leurs révolutions ; l'Italie s'agite sans cesse sous le joug qui l'accable ; Milan, Vienne, Berlin ont vu la royauté s'humilier. Au spectacle de tant d'ébranlements, au souvenir de la facilité avec laquelle les rois prenaient naguère encore les armes, combien de politiques se sont dit qu'une conflagration était imminente ! Chaque fois l'événement est venu contredire ces prévisions. Sans doute ce n'est, si je puis ainsi parler, qu'une paix négative ; mais plus elle dure, plus les éléments de la paix positive se fortifient, et dans peu d'années ils seront assez puissants pour écarter définitivement toute crainte sérieuse. Le seul danger réel vient des demi-barbares du Nord, des serfs enrégimentés qu'un despote fait marcher à son gré. Mais la moindre intelligence entre la France, l'Allemagne et l'Italie annulera l'influence malfaisante du septentrion sauvage ; et cette intelligence, qui faillit se réaliser à la révolution dernière, va se préparer sous l'active propagande que permettra la paix négative conservée après février comme avant, et elle passera dans les faits à la première ascension populaire.

Cette décroissance et extinction finale de la guerre serait tout-à-fait précaire ou, pour mieux dire, n'ayant eu aucune raison d'être, ne se serait pas manifestée si l'activité humaine ne se fût frayé une autre voie. Cette voie est l'industrie ou exploitation progressive et systématique du domaine terrestre. Depuis les premiers rudiments, qui ne manquent jamais, et que l'on rencontre dans la vie sauvage même la plus dépourvue, une arme, un outil quelconque, un abri contre les intempéries, depuis ces premiers rudiments, l'industrie passe par le régime païen où, subordonnée à la suprême besogne du temps, la guerre et la conquête, elle est exploitée par l'intermédiaire des esclaves ; elle se développe bien autrement dans le moyen-âge, il n'est besoin, pour le recon-

naître, que de se rappeler les grandes communes
de cette époque, et particulièrement les cités ita-
liennes et flamandes ; enfin, dans la phase révolutionnaire, son ascendant devient tout-à-fait décisif, et c'est, en effet, alors que la guerre, dé-
tournée définitivement du but antique, du seul
but qui pût lui être raisonnablement assigné, ne
sert plus, entre les populations européennes, que
des causes politiques. Les peuples secouent leurs
rois ; les rois, à chaque fois amoindris, s'imposent
à leurs peuples. Quand ces conflits auront cessé
par l'extension républicaine, il n'y aura plus de
guerre en Europe, d'autant plus certainement
que, même en l'état précaire où nous sommes,
rien ne peut rallumer les grands incendies.

Telle est la substitution fondamentale survenue
par le progrès des choses dans la destination de
notre activité temporelle. Au lieu d'user leurs
forces en des luttes qui n'ont eu qu'à un moment
donné une utilité civilisatrice, et qui aujour-
d'hui seraient non seulement stériles, mais
encore profondément perturbatrices, les sociétés,
devenant petit à petit plus humaines et meilleures,
s'appliquent constamment davantage, et un jour
s'appliqueront uniquement à lutter contre la
nature. L'activité militaire et l'activité industrielle
sont comme deux courants dont l'un va toujours
tarissant et l'autre toujours grossissant, jusqu'à
ce que le premier disparaisse dans le sein de

l'industrie, comme ces fleuves de l'Afrique qui, partis écumeux et grondants du sommet des montagnes, se perdent peu à peu sous un ciel embrasé et dans une terre absorbante, sans avoir atteint l'Océan.

Et voyez comment les choses sont étroitement liées par leurs rapports ; voyez comment un certain état intellectuel et moral a toujours pour correlatif un certain état social. La science croît, la théologie et la métaphysique déclinent ; la guerre s'éteint, l'industrie se développe ; les anciens pouvoirs privilégiés s'annulent, et les classes laborieuses arrivent à une vie meilleure. Dans cette filiation ininterrompue, vous ne pourriez pas déplacer un terme sans rendre tout inintelligible et impossible ; ni le règne de la théologie n'est compatible avec le règne de l'industrie ; ni le progrès systématique de la science avec le privilège des castes ; ni l'activité militaire avec l'ascension graduelle et le perfectionnement des prolétaires. Ce sont là autant de phases historiques qui se succèdent par une dérivation nécessaire. Ces nécessités de l'histoire, ces phénomènes enchaînés l'un à l'autre, ces solidarités insurmontables sont les bases mêmes de la sociologie et celles sur lesquelles il faut le plus appeler l'attention du lecteur ; car ce sont les points où l'instruction commune est le plus en défaut. C'est l'équivalent, en biologie, de la notion de la hiérarchie organique, du rapport entre l'organe et la fonction, et de l'influence des milieux. L'humanité est véritablement un grand corps collectif, ayant sa croissance régulière, et pourvu, comme tout corps individuel, d'organes temporaires qui s'atrophient, se flétrissent et disparaissent faute d'emploi et de nutrition. Les institutions provisoires du passé, dont la postérité la plus reculée admirera toujours et honorera la création et la splendeur, sont de tels organes ; elles s'atrophient et s'éteignent, la vie se portant ailleurs, à mesure que l'humanité grandit et approche de son âge adulte.

C'est donc la tradition historique elle-même qui, sans aucun arbitraire et sans rien de fortuit ni de passager, nous amène au règne de l'industrie. Devant l'industrie, tout le passé tombe et s'évanouit successivement. Pour l'homme moderne, il ne peut plus y avoir d'autre occupation temporelle, d'autre activité pratique que l'occupation, que l'activité industrielle. Ainsi, l'issue de la longue révolution qui survint au déclin du régime catholico-féodal est clairement indiquée ; elle aboutit non pas à des remaniements, je ne sais lesquels, dans les institutions, non pas à l'établissement du régime constitutionnel, elle aboutit à un changement dans les mœurs, dans les habitudes, dans les intérêts, à une rénovation totale, au remplacement définitif d'un ordre social qui finit par un ordre social qui arrive à son plein.

Si l'avénement du régime industriel est inévitable, il est inévitable aussi que les chefs de l'industrie soient nos chefs temporels. Nous n'avons pas besoin de patriciens ni de gentilshommes qui nous mènent aux guerres et aux conquêtes ; nous n'avons pas besoin de Césars ni de rois qui concentrent en leurs mains le pouvoir du glaive. Ces fonctions, jadis prééminentes, deviennent sans emploi. Mais nous avons besoin de directeurs qui sachent conduire les travaux pacifiques de l'industrie avec fermeté et intelligence, travaux où certes ne manquera ni la complication, ni la difficulté ni la grandeur. C'est donc là que doit aboutir tout le pouvoir temporel. Dire que les bras et les capitaux employés pour la guerre deviendront disponibles, c'est dire ce qu'il y a de moindre dans la question ; ce qui est décisif, c'est que la principauté tombe, et avec elle le glaive et la gloire du glaive. Ce qui était grand et glorieux, c'était de gagner des batailles et de soumettre des nations ; ce qui sera grand et glorieux, sera de remporter des avantages sur la nature et de la subjuguer. Autre fonction, autre pouvoir. Là on touche du doigt la rénovation radicale qu'amène la révolution moderne ; et quand, dans l'ordre spirituel, on met les notions de la philosophie positive en regard des notions théologiques et métaphysiques, on a le tableau complet aussi bien que précis de l'ordre social futur, qui déjà se fait jour de toute part à travers les décombres du régime ancien.

J'ai conduit assez avant le lecteur dans les déductions historiques pour qu'il puisse concevoir maintenant sans difficulté quelle profonde illusion il y eut à prendre le système constitutionnel pour la solution et la clôture de l'état révolutionnaire. Ce n'est point par des circonstances accidentelles que ce système ne trouve pas à se consolider sur le continent; c'est, on le voit, par la nécessité même des choses. Il ne faut point se laisser égarer par le cas de l'Angleterre, anomalie qui ne peut plus se représenter. La demi-révolution de l'Angleterre fut pour ce pays une avance et un bienfait qui aujourd'hui l'arrière et lui nuit singulièrement. Pendant cette halte le continent a marché; et quand l'heure des révolutions y sonna, il était bien plus dégagé des entraves du moyen-âge que l'Angleterre au moment de sa rénovation prénaturée et imparfaite. Dans l'empire britannique le système constitutionnel est encore tout théologique, tout féodal, tout monarchique. A la vérité, sur le continent, et notamment en France, il fut beaucoup moins théologique, féodal, monarchique. Mais que sont ces atténuations? le régime passé est absolument condamné à périr; le système constitutionnel, ne faisant que le modifier, n'est qu'une transition plus longue en Angleterre, plus courte sur le continent. Les exigences spirituelles et temporelles de l'avenir ne comportent rien de pareil. Amoindrir n'est pas renouveler. En raison de cette instabilité du système constitutionnel parmi nous, le maniement en a été généralement remis à des avocats, à des littérateurs, à des rhéteurs, à des sophistes. Il fallait que la situation fût bien peu rationnelle pour avoir des organes aussi peu consistants. Sans doute, il y eut un moment où cette fonction leur échut légitimement ; mais peut-être la postérité s'étonnera-t-elle qu'une telle confiance ait été prolongée tant au-delà de l'intervalle où elle était justifiable.

Entre le temps présent et celui où les chefs industriels arriveront au pouvoir est un interrègne inévitable ; car, ni l'obstacle qui les en sépare n'est encore suffisamment aplani, ni eux-mêmes n'ont subi la préparation intellectuelle et morale qui doit les en rendre dignes. Cet interrègne, j'en signalerai dans un des articles subséquents les conditions. Mais, indépendamment de cette objection ainsi écartée, peut-être quelqu'un craindra-t-il que, le pouvoir étant remis aux industriels, on ne tombe dans un matérialisme dégradant. On y tomberait certainement, et le soin des plus grossiers intérêts menacerait d'absorber l'existence, si l'ordre nouveau ne renfermait pas le vrai correctif, à savoir un pouvoir spirituel distinct, une éducation populaire, la culture scientifique et la culture esthétique.

Les chefs industriels, ayant ainsi reçu le pouvoir,

et, par conséquent, la richesse, auront en retour un grand labeur, une grande charge. Il leur faudra administrer l'industrie de manière que le prolétaire ait le travail assuré, que l'enfant du prolétaire ne soit assugéti qu'à l'apprentissage, et que la femme du prolétaire puisse rester dans son ménage. Plus ils s'approcheront de ces conditions, plus leur gouvernement sera respecté et aimé ; plus ils s'en écarteront, plus les remontrances du pouvoir spirituel et l'opinion populaire s'élèveront pour les redresser.

En résumé, sous le régime païen, le prolétaire est esclave ; sous le régime catholico-féodal, il est serf ; sous le régime révolutionnaire, il est affranchi, mais sans culture intellectuelle et sans sécurité matérielle ; sous le regime positif, il a l'éducation complète et le travail garanti.

VII.

Idéal ou religion (1).

Les deux mots réunis dans le titre de ce chapitre l'ont été afin de prémunir dès l'abord le lecteur contre toute méprise, et ne pas lui laisser croire un instant qu'il pourrait s'agir de la restauration ténébreuse d'idées surnaturelles. L'un est ancien ; il appartient au peuple de l'antiquité qui eut au plus haut degré le sentiment de la cohésion sociale ; et, tandis que le mot grec correspondant n'exprime que l'adoration des dieux, le mot latin exprime la liaison des hommes autour d'un centre commun. L'autre est moderne ; il signifie la conception abstraite de la grandeur et de la beauté collectives, mais réelles, et, à ce titre, détermine une religion qui ne peut plus s'adresser aux êtres surnaturels supposés par les hommes passés, et vainement cherchés par les hommes modernes.

En effet, tout le travail de la science a eu pour résultat de démontrer que nulle part il n'y a place pour l'intervention des dieux d'aucune théologie.

(1) *National.* 10 septembre 1849.

A la vérité, les histoires rapportent un grand nombre de faits merveilleux où la puissance divine prend un corps , agit directement et se manifeste. Mais la critique historique a frappé d'un doute général toutes ces relations, en montrant que les unes n'avaient aucune authenticité , et que celles qui étaient authentiques ne devaient leur caractère surnaturel qu'aux croyances des hommes d'alors. De la sorte, le miracle s'est trouvé en déchéance complète ; impossible à montrer dans le présent, impossible à démontrer dans le passé , il n'a plus empêché de voir le monde tel qu'il est, c'est-à-dire une traîne impénétrable de causes et d'effets, à laquelle l'esprit ne peut concevoir ni commencement, ni fin. Or, qui ne comprend que le miracle est la seule preuve positive de l'existence des êtres surnaturels, et que les preuves dites métaphysiques ne peuvent, à cet égard, valoir le moindre témoignage? C'est de la sorte que la racine des croyances théologiques s'est desséchée et se dessèche de plus en plus dans la conscience moderne.

Il en est de même de l'opinion concernant la perpétuité des individus après la mort. Cette opinion, quels que soient les préjugés ordinaires là-dessus, ne fait point partie intégrante de l'idée religieuse. Il suffit de rappeler qu'une foule de peuples sauvages n'ont aucune notion sur l'immortalité des âmes ; qu'avant l'ère chrétienne une partie des Juifs rejetait positivement cette doctrine, et qu'aujourd'hui encore l'immense religion du bouddhisme en est dépourvue. Cette croyance, qui pouvait être vraie, ne s'est pas trouvée telle; la science n'a pu constater un fait quelconque de vie après la mort; et aussi, comme un étang qui n'est plus alimenté, l'opinion de la perpétuité individuelle baisse progressivement.

Tel est le résultat de la longue critique que la science a exercée, dès l'origine, sur le théologisme, résultat ni cherché, ni prévu, ni voulu, et qui, se réalisant ainsi, est le jugement même de l'histoire. Mais, à son tour, la critique, si elle veut être du dix-neuvième siècle et non plus du dix-huitième, ne doit pas être négative. En d'autres termes, la révolution (car c'est toujours de la révolution qu'il s'agit), doit, ici comme ailleurs, passer à une action positive, si elle entend résoudre le problème social qui est posé. La longue anarchie qui signala en Grèce et à Rome la décadence de l'ordre antique, ne se termina, malgré de stériles efforts de restauration, que quand une doctrine meilleure, le christianisme, se mit à la place de ce qui s'en allait. Autrement, la dissolution du paganisme aurait indéfiniment duré; et dans la crainte que le toît ne s'effondrât sur les habitants du logis, on aurait incessamment étayé et entretenu la ruine.

Reprenons donc, sur ce terrain encore, la méthode historique, la méthode de filiation, la seule qui inspire une pleine confiance quand il s'agit de choses sociologiques. C'est elle qui nous a fourni la hiérarchie des sciences et leur systématisation en une seule grande science ou philosophie positive; c'est elle qui nous a indiqué la création du pouvoir spirituel moderne; c'est elle qui nous a tracé les linéaments de l'éducation populaire; c'est elle qui nous a signalé les conditions auxquelles les prolétaires devront leur ascension : c'est elle qui nous a montré la guerre s'éloignant, l'industrie prépondérante et la nature du nouveau pouvoir temporel; c'est elle aussi qui nous éclairera sur l'idéal qui doit réunir les hommes en une communion aujourd'hui virtuellement détruite, soit que l'on considère les sectes qui se partagent l'ancienne et vénérable doctrine, soit que l'on songe aux inextinguibles révoltes de l'esprit scientifique contre toute doctrine théologique. Voltaire a dit selon la véritable pensée de son temps, et en faussant, de la façon la plus singulière, mais la plus naturelle au dix-huitième siècle, le caractère de Mahomet :

> Il faut un nouveau culte , il faut de nouveaux fers ,
> Il faut un nouveau Dieu pour l'aveugle univers.

L'univers alors n'était pas aveugle; car à la notion d'une multitude incohérente de dieux , il préféra la notion relativement bien plus rationnelle d'un Dieu unique. Aujourd'hui l'univers est encore moins aveugle ; et il ne se laissera toucher que par une réalité idéale, en qui viennent se concilier les doutes, les inquiétudes, les déchirements, les rébellions suscitées par le progrès incessant des notions positives en des consciences théologiques.

Tout au contraire du vers célèbre et si naïvement métaphysique de Voltaire (1), il faut dire : si cette réalité idéale n'existait pas, on ne pourrait l'inventer. En effet, elle est au fond de toutes les conceptions religieuses, depuis les plus rudimentaires jusqu'aux plus compliquées. Au début, lors de l'établissement spontané du fétichisme, l'homme supposa, dans tous les êtres qu'il adorait, des volontés semblables à la sienne. Son intelligence était alors trop dénuée pour qu'il imaginât autre chose. Les notions abstraites lui étaient étrangères ; et s'il ne pouvait mettre l'humanité nulle part, du moins il mit l'homme en tout et partout. Ce fut encore l'homme qui peupla toutes les localités célestes quand, du fétichisme, on passa au polythéisme ; mais le progrès accompli ne permettait plus d'insérer grossièrement des volontés humaines dans tous les êtres naturels ; l'abstraction avait commencé à naître en l'esprit humain, et, avec elle, l'idéal. Aussi, les dieux des différentes mythologies allèrent se dépouillant davantage du fétichisme monstrueux et d'un naturalisme plus ou moins raffiné, jusqu'aux images splendides que créa le génie des Grecs. Si, ce qui est impossible, le

____

(1)   Si Dieu n'existait pas, il faudrait l'inventer.

fétichisme ou le polythéisme, ayant duré, se trouvait en présence de la science qui se serait néanmoins développée, ou, ce qui est équivalent, si on voulait apprécier les fétichismes ou les polythéismes encore existants chez diverses populations, une critique absolue, comme fut celle du dix-huitième siècle à l'égard du christianisme, ferait remarquer les absurdités inhérentes à de telles conceptions, et condamnerait tout d'un même arrêt ; mais une critique relative, comme est celle de la philosophie positive à l'égard de toutes les religions, indiquera, sans aucune concession pour l'erreur, le noyau de réalité que renferment de telles conceptions, et l'efficacité sociale qu'elles comportèrent.

Les théocraties antiques furent, à une époque où certainement pointèrent des germes de décadence, agitées par une élaboration métaphysique que nous ne connaissons que par ses effets, et qui se manifesta par l'œuvre de Moïse en Égypte, de Zoroastre en Perse, de Bouddha dans l'Inde. Il ne doit ici être question que de celle de Moïse. Nul ne méconnaîtra la prééminence de cette création religieuse sur le régime précédent ; nul ne méconnaîtra, non plus, les caractères anthropomorphiques qui y sont de toute part empreints. Mais Jéhovah est un dieu qui sort des entrailles du polythéisme, il lui manque ce qui, dans le langage théologique d'un temps postérieur, a été, avec tant de justesse.

nommé médiation. Ses adorateurs n'ont pas encore conscience de tout ce qu'il y a d'humanité dans l'objet de leur culte.

Cette vue est bien plus précise dans la religion immédiatement subséquente. Les besoins intellectuels et moraux du milieu où elle se développait complétèrent l'antique conception de Moïse. Ici la divinité revêt la nature humaine, de sorte que cette communication fait partie essentielle de la foi nouvelle. La critique du dix-huitième siècle, frappée uniquement des traits mythologiques et légendaires, réprouva le tout; mais la critique du dix-neuvième siècle ne manqua pas de faire le triage et de relever ce qu'il y avait d'éternellement vrai dans ce fond traditionnel. « Placés dans un individu, dans un dieu-homme, dit Strauss en sa *Vie de Jésus* (t. 2, p. 762), les propriétés et les fonctions que l'Église attribue au Christ, se contredisent; elles concordent dans l'idée de l'espèce. L'humanité est la réunion des deux natures, le dieu fait homme, c'est-à-dire l'esprit infini qui s'est aliéné lui-même jusqu'à la nature finie, et l'esprit fini qui se souvient de son infinité. Elle est l'enfant de la mère visible et du père invisible, de l'esprit et de la nature. Elle est celui qui fait des miracles; car, dans le cours de l'histoire humaine, l'esprit maîtrise de plus en plus complètement la nature au dehors de l'homme, et celle-ci, en face de lui, descend au rôle de matière inerte sur laquelle son activité s'exerce. Elle est l'impeccable, car la marche de son développement est irréprochable; la souillure ne s'attache jamais qu'à l'individu, et n'atteint ni l'espèce ni son histoire. Elle est celui qui meurt, ressuscite et monte au ciel; car pour elle, du rejet de sa naturalité procède une vie spirituelle de plus en plus haute, et du rejet du fini qui la borne comme esprit individuel, national et planétaire, procède son unité avec l'esprit infini du ciel. »

Malgré sa teinte métaphysique et panthéistique, ce morceau détermine exactement combien la religion primitive s'était perfectionnée et quel progrès y avait fait l'idée de l'humanité. Ainsi sont allées les choses : l'homme a commencé par prêter ce qu'il sentait en lui, intelligence et volonté, aux êtres de la nature; puis il a idéalisé l'homme; enfin l'humanité elle-même est entrée dans la conception religieuse. Et comment en aurait-il pu être autrement? Les êtres surnaturels, que la science a si longtemps cherchés vainement, ne se sont pas offerts davantage aux mortels des premiers âges. Mais ce qui s'est constamment offert à eux, c'est le sentiment de leur propre nature. Là ils ont puisé; et à mesure que ce sentiment se généralisait et s'épurait, des types religieux plus parfaits apparaissaient dans le monde. Les religions sont la mesure du progrès des choses.

Conduits de la sorte jusqu'au temps présent par

la filiation historique, il ne nous reste plus qu'à faire sciemment ce qui a été insciemment fait par nos aïeux, à retirer les derniers voiles, et à prendre déterminément l'humanité pour idéal de nos pensées, pour centre de nos affections, pour but de notre activité et de nos services, pour objet de nos fêtes. Et ici un contraste se présente : le travail métaphysique moderne aboutit sous nos yeux, soit au panthéisme, soit au déisme, soit à l'athéisme. Le panthéisme, s'il pouvait jamais acquérir quelque consistance et sortir du vague où il n'a rien de réel, tomberait dans une sorte de fétichisme, sans aucune des compensations qui appartenaient à ce régime antique. Le déisme recule vers Jéhovah ou vers Allah, et cela sans prophète, sans culte, sans rien en un mot de ce qui fit le rôle social de ces religions. Enfin l'athéisme, qui spécule sur la nature, sur les atômes, sur les causes et l'origine du monde, n'est qu'une forme de théologisme, moins rationnelle que l'ancienne, puisqu'il prétend traiter les mêmes problêmes, sans y appliquer le seule mode que ces problèmes comportent, à savoir la supposition de volontés et d'intelligences analogues à la volonté et à l'intelligence humaine. Le plus ferme précepte de la philosophie positive est d'abandonner toute recherche sur le commencement et la fin des choses, recherche oiseuse, puisque impossible, et qui, bonne pour l'enfance du genre humain, est indigne de son âge adulte.

A cet âge, les voiles et les symboles ne con-
viennent pas. Or, il n'y a qu'une existence à la
fois réelle et idéale comme l'humanité, qui, sans
voile et sans symbole, puisse cependant toucher
les cœurs, illuminer les esprits et commander tous
les services. Sans doute c'est par la voie rationaliste que commence cette nouvelle création, non
pas théologique, mais religieuse. Bien loin d'y
voir un empêchement, on doit y voir une condition
essentielle de succès, une condition sans laquelle
rien ne pourrait se faire. Penser le contraire, c'est
se laisser tromper par l'état actuel des religions,
qui, en effet, se soutiennent aujourd'hui par le
côté affectif. Mais, pour connaître ce qu'il en est,
quittons la décadence présente, et remontons aux
causes primitives qui les firent réussir. Ce fut le
rationalisme qui fraya la voie au christianisme
dans le monde païen. Autrement, quelle prise au-
ait eue la nouvelle foi sur les hommes ? Le paganisme avait ses êtres surnaturels, ses âmes qui sur-
vivaient après la mort, son paradis et son enfer.
Bien plus, ce dut être une rude épreuve et un déchirement bien douloureux pour la conscience
païenne, de quitter cette croyance qui lui offrait
des dieux partout présents, qui peuplait le ciel,
les airs, les bois, les montagnes et jusqu'au foyer
domestique de divinités familières, et mettait incessamment l'homme en contact avec les objets de
son adoration ; mais le côté rationaliste l'emporta :

le polythéisme était discrédité dans toutes les intelligences ; et comme, ainsi que je l'ai dit, il n'y a pas de progrès intellectuel qui ne s'accompagne en définitive d'un progrès moral, le christianisme ne pouvant pas être supérieur au paganisme intellectuellement, sans l'être moralement, les grands bienfaits qu'il apportait aux hommes, achevèrent sa consolidation définitive.

Toujours donc le rationalisme précède et fonde. Lui seul subjugue l'esprit, dont l'insurrection formidable brisa le paganisme et brise présentement le christianisme. Or, devant l'idéal nouveau qui se forme, il n'est plus d'insurrection pareille à redouter ; car le connaître est le but suprême de toute la science. Cet idéal, perpétuellement modifiable et mobile, obéit à des lois mathématiques, astronomiques, physiques, chimiques, biologiques, sociologiques. Pour le comprendre, il faut explorer le milieu où l'homme est placé et l'homme lui-même. Il faut étudier les nombres et les formes. Il faut plonger le regard dans l'immensité et se représenter la terre, frêle esquif, navigant dans les espaces infinis sous la conduite de son soleil, lui-même lancé dans une course sans fin. Il faut déterminer ces forces immanentes à la matière qui la rendent pesante, chaude, lumineuse, électrique, magnétique, sonore. Il faut suivre d'un œil patient l'échange moléculaire qui compose et décompose sans relâche les agrégats naturels. Il faut, de la chimie inanimée, passer à la chimie animée, et tracer les conditions de structure et de développement de la vie individuelle. Enfin, arrivant, pour couronnement de toutes nos spéculations réelles, à la vie collective, il faut suivre dans la longue durée des siècles la croissance des sociétés, leur civilisation graduelle et la formation de l'idée suprême d'humanité à mesure que tout s'améliore autour de nous et au dedans de nous. Ce seul tableau suffit pour constater combien l'idéal nouveau l'emporte sur l'ancien. Que l'on compare la stérilité des notions vagues et contradictoires que suggèrent les êtres théologiques avec la fécondité des notions positives que suggère l'humanité, et l'on aura mesuré exactement l'intervalle qui sépare le régime théologique du régime positif.

A une si profonde satisfaction intellectuelle est liée une non moins profonde satisfaction du cœur. Ce n'est pas en vain que dans les hommes qui sont rentrés dans les ombres éternelles nous voyons des aïeux et des pères; ce n'est pas en vain que dans les hommes qui jouissent avec nous de notre commun soleil nous voyons des frères et des compagnons de labeur; ce n'est pas en vain que dans les hommes qui naissent et naîtront nous voyons nos enfants et la plus chère partie de nous mêmes. Plus l'homme vit au dehors de son égoïsme, plus il se sent amélioré et heureux. C'est un indicible bonheur que d'avoir de ces affections idéales et désintéressées. Si la patrie a inspiré tant et de si touchants dévouements, que ne fera pas l'humanité, patrie universelle?

Et, à vrai dire, qu'ai-je besoin de mettre au futur, et de renvoyer à l'avenir ce qui déjà éclate de toute part sous nos yeux? Qu'est-ce, aujourd'hui, dans toute l'Europe, que le dévouement à la République, sinon le dévouement à l'humanité? Et où manquent les persécutions pour éprouver la foi nouvelle? Ces nobles jeunes gens de la légion de Vienne, pour qui sont-ils morts? Ces braves Allemands que leurs princes fusillent de sang-froid, pour qui reçoivent-ils ces balles royales? Ces généreux Italiens qui tombent sous le plomb autrichien, pour qui s'exposent-ils aux coups des bourreaux? Pour qui, en tout lieu, brave-t-on la prison, l'exil et la perte des biens? N'est-ce pas pour que la République triomphe en Occident? Et sous ce mot de République, que se cache-t-il, sinon un perfectionnement de l'humanité devenant plus libre, plus morale, plus grande, plus heureuse? N'est-ce pas la servir énergiquement? Et, pour la servir ainsi, ne faut-il pas que le cœur soit profondément touché?

Là où le sentiment a déjà tant d'activité et de puissance; là où la raison scientifique a commencé par jeter tant de lumière; là, sous ce concours à la fois spontané et indispensable, il ne manquera pas de se former des habitudes sociales qui consacreront ce qui est déjà consacré par l'esprit et par le cœur.

VIII.

Culture morale, scientifique, esthétique et industrielle (1).

Avant d'exposer les conséquences que comporte l'extension, aujourd'hui manifeste, de la crise révolutionnaire à toute l'Europe, et les mesures transitoires que suggère la claire apperception du but final, retournons-nous un moment pour considérer l'ensemble du régime futur ou positif, et apprécier les influences qui lui appartiennent.

La morale, dans son ascension historique, doit sa culture individuelle au paganisme, sa culture domestique au christianisme ; elle devra sa culture sociale à la philosophie positive. Je me plais à mettre en évidence les nécessités les moins apparentes qui déterminent le développement général ; mais, de fait, un tel et si précieux attribut n'est inhérent à la philosophie positive qu'en vertu même du jugement qu'elle porte sur tout le passé. Si, comme le christianisme, elle damnait les idolâtres ; si, comme la philosophie critique, elle

(1) *National*, **17** septembre 1849.

répudiait le christianisme pour contracter je ne sais quelle alliance avec le paganisme, elle deviendrait, ainsi que toutes ces sectes, particulière et exclusive, et la morale ne pourrait pas faire, audelà du point chrétien, un progrès qui la fonde et l'organise. Mais, comme la philosophie positive réconcilie toutes ces discordances religieuses, philosophiques, politiques, la notion de l'humanité sort pleine, entière, efficace, et, avec elle, une morale irrévocablement dirigée vers le grand idéal que nous perfectionnons à mesure qu'il nous perfectionne.

L'agent essentiel de la rénovation est l'éducation positive telle qu'elle a été définie. Là est la meilleure égalité; et, en même temps qu'elle est la meilleure, elle est aussi la seule qu'il soit possible d'atteindre et de fonder. On se trompe quand on recherche l'égalité matérielle : celle-ci est en contradiction insurmontable avec les inégalités naturelles des individus. On ne se trompe pas quand on recherche l'égalité d'éducation ; celle-ci est en concordance avec les besoins essentiels du monde moderne et l'unique moyen d'y satisfaire. Les chrétiens avaient pleinement raison en théorie, comme ils l'ont eu en fait contre les Juifs, quand, au lieu d'un messie temporel et conquérant les royaumes, ils ont cru un messie spirituel et réformant les cœurs. L'éducation positive, abreuvant chacun aux mêmes sources, établit entre les supé-

rieurs et les inférieurs temporels une inestimable
égalité.

C'est la plus démocratique des conditions sociales, et, partant, la plus morale. Il est difficile
aujourd'hui de se faire une idée suffisante de la
puissance que prendra l'opinion publique quand
elle sera ainsi appuyée sur une éducation commune.
Les tendances convergentes d'une telle opinion,
le nombre immense des échos qu'elle trouvera,
les délinquants eux-mêmes rendant en leur for
intérieur un secret hommage aux règles sous lesquels ils auront été élevés, tout agira avec inten-
sité pour comprimer les rebellions de l'intérêt
individuel et rendre prévalente la légitimité de
l'intérêt général. Moins que dans tout autre régime
les égarements seront à craindre soit en raison de
la supériorité des notions qui constituent l'éducation positive, soit en raison de la prépondérance
donnée par le régime positif à l'élément populaire.
Le *peuple*, au sens restreint que comporte l'am-
biguité, heureuse en ceci, du mot français, est le
plus sûr gardien des sentiments désintéressés au
sein du *peuple* pris dans le sens général. Où, dans
les grandes crises, trouve-t-on ces entraînements
irrésistibles, sinon dans les multitudes qui vont de
gaîté de cœur et sans arrière pensée là où la religion,
la patrie, la République les appellent ? Quiconque
voudra réfléchir à la situation des classes populaires
comprendra comment le dévouement et la géné-

rosité y surgissent plus naturellement que partout ailleurs, et, du même coup, verra comment l'éducation positive, les améliorant à la fois et les disciplinant, fera de leur tribunal un tribunal redouté par tous les justiciables de l'opinion. Les lumières et le nombre ! Que l'on calcule les effets de cette combinaison ! La morale est ainsi remise en garde à ceux-là mêmes qui ont la plus naturelle volonté comme l'intérêt le plus direct à ce qu'elle soit soigneusement et conservée et développée.

De même nature est la rénovation qu'éprouve l'autre élément de la force morale, l'élément féminin. La connexion est nécessaire, et déjà des historiens sagaces ont reconnu que la condition des femmes est, chez les diverses populations humaines, la mesure du progrès social. Ici, une éducation meilleure, et surtout une éducation dont les bases sont communes avec celle des hommes, de sorte qu'on ne verra plus ce dissentiment si ordinaire aujourd'hui et si pernicieux, l'homme méprisant ce que la femme adore ; le côté affectif mis au-dessus du côté intellectuel, le cœur au-dessus de l'esprit, la sociabilité au-dessus de la personnalité, ce qui est si pleinement et si heureusement conforme à la nature féminine ; l'affection devenant la grande affaire d'une société où l'humanité est l'idéal, et tendant toujours à subordonner comme des serviteurs l'intelligence qui construit les théories et l'activité pratique qui les applique ; les élégances délicates , si précieuses à la vie féminine , pénétrant de toutes parts dans le prolétariat ; des habitudes de sociabilité charmante, qui n'ont jusqu'à présent été qu'une exception, s'étendant aux plus humbles conditions et y apportant une chaleur et une lumière qui n'y avaient jamais paru ; telles sont les légitimes conséquences qu'entraîne avec soi l'établissement du régime positif.

Sous cette influence, il se formera, si je puis ainsi parler, une opinion publique féminine ; c'est-à-dire que , sans sortir de la vie de la famille et tout en restant fidèle à leur vocation, les femmes auront une part considérable dans la direction des sentiments et des mœurs. Aujourd'hui toute la machine sociale est en dissolution : les femmes, par le côté affectif, sont retenues aux institutions du passé ; les hommes, par le côté intellectuel, sont entraînés vers les entreprises révolutionnaires. Mais quand le cœur et l'esprit seront réconciliés, les femmes reprendront, au nom de la sociabilité nouvelle, un empire si amoindri par l'anarchie actuelle ; et avec plus de généralité , partant, avec plus de force, on verra refleurir ces sentiments de tendresse et de vénération qui, dans l'âge chevaleresque, ne furent jamais l'apanage que d'une classe très restreinte.

Ainsi, sous l'ordre positif, la morale, premier besoin des sociétés, aura pour gardiens et pour organes ce qu'il y a de plus généreux et de plus désintéressé et ce qu'il y a de plus tendre et de plus affectif. Devenir meilleur par l'humanité, et remettre à nos descendants une humanité meilleure, c'est l'éternel va-et-vient de notre développement moral.

Faire ressortir ce que le regime positif vaudra pour la science, paraîtra peu nécessaire, puisqu'on aurait pu, à l'avance, craindre qu'elle n'y prît une trop grande place, si tout d'abord sa subordination légitime au point de vue social, n'eût été fortement établie. Mai sce premier apperçu, il faut le préciser. Demandez à un géomètre, même éminent, quel est l'aboutissant de la science qu'il cultive : il ne saura que répondre; pour lui elle est isolée; et si, par la nature de son esprit, il porte quelque peu le regard au-delà de l'horizon étroit qui le borne, il essaiera d'introduire dans les sciences supérieures la méthode de la sienne; ce qui conduira aux plus incroyables conséquences. Au lieu du géomètre, considérez le biologiste; celui-ci, à la vérité, est, par sa science même, placé à un point de vue plus large et plus compréhensif; mais, d'une part, il manque de la base mathématique, astronomique, physique, chimique, qui soutient tout notre savoir positif, et, d'autre part comme le géomètre, il est naturellement disposé à importer dans la science supérieure ou sociologie, les méthodes qui lui réussissent dans la sienne. C'est cette perpétuelle

usurpation des sciences inférieures sur les supérieures, que M. Comte, avec sa profondeur ordinaire, a nettement caractérisée, quand il a voulu
se rendre compte de ce qu'impliquait le reproche
de matérialisme adressé communément et justement à la culture actuelle des sciences. Au reste,
l'incohérence et le rétrécissement que je signale
sous cette forme se retrouvent clairement accusés
dans la constitution même des corps scientifiques.
L'Académie des sciences est composée d'éléments
absolument hétérogènes; les biologistes sont
étrangers à la géométrie; les géomètres à la biologie. En un mot, les sciences inorganiques et les
sciences organiques s'y regardent sans se comprendre et s'y parlent sans s'écouter. Bien plus, dans
l'ignorance nécessaire où l'on était de la vraie
hiérarchie, ignorance du reste qui commence à
cesser d'être excusable, on est allé placer dans une
autre académie, les sciences historiques et sociales;
comme s'il était possible de connaître les lois de
la vie collective, sans connaître les lois de la vie
individuelle, et celles-ci à leur tour sans connaître
les lois du monde inorganique. Aussi là, dans leur
isolement métaphysique, elles s'agitent stérille-
ment. L'Académie des sciences n'a point de tête;
l'Académie des sciences politiques n'a point de
corps.

Le premier service que rend le régime positif
est d'établir la cohésion là où domine l'incohérence.

Cette tête qui manque à l'Académie des sciences et à laquelle toutes les sciences inférieures doivent aboutir est la sociologie. Ce corps qui manque à l'autre Académie est le système des cinq sciences inférieures (mathématique, astronomie, physique, chimie, biologie), système sans lequel la science politique ne peut être qu'un vain exercice de métaphysique ou une érudition sans guide et sans lumière, amassant des matériaux dont elle ne sait ni la valeur ni l'emploi. Mais quand la grande et définitive conception de la philosophie positive est accomplie, alors un jour nouveau se lève ; les enchaînements naturels se montrent évidents ; la sociologie ne peut se passer des sciences qui la précèdent et qui ne sont que des échelons ; et si quelques-uns veulent s'arrêter, comme on a fait jusqu'à ce jour par nécessité, à l'un des degrés inférieurs, il faut laisser à des esprits enfants une occupation qui fut en effet celle de l'enfance des sociétés. La vérité est que, grâce au régime positif, il n'y a qu'une science et qu'une éducation.

Le second service, c'est de créer l'histoire scientifique. Jusque là, qu'ont pu être les prétendues histoires des sciences, sinon une collection laborieuse de faits, qui maintenant attend la véritable critique ? Mais du moment que l'on aperçoit la science comme un grand fleuve dont les sciences particulières sont les affluents, on tient toute la liaison des choses et des idées. On comprend pourquoi, en biologie, les anciens ne sont jamais allés au-delà des notions statiques ou anatomiques, demeurant toujours incapables de passer aux notions dynamiques ; c'est qu'il leur manquait une science intermédiaire, la chimie. On comprend pourquoi la sociologie ne devait surgir que vers notre temps ; car ce fut seulement alors que la biologie prit une constitution définitive. La philosophie positive est un sommet élevé d'où l'on découvre tout le pays parcouru, les accidents du terrain, le tracé des routes, la voie des cours d'eau. Mieux que personne peut-être j'ai pu me rendre compte du service rendu, quand, m'étant approprié cette philosophie, et l'appliquant à des études qui m'avaient occupé tant d'années, je les vis prendre, sous cette lumière nouvelle, une lucidité qui leur manquait, et, partant, susciter en mon esprit un bien plus vif intérêt.

Enfin, le troisième service, c'est, en créant un système, de donner un but. Aujourd'hui que l'esprit de détail, qui a si heureusement fondé les sciences particulières, s'est épuisé et devient même rétrograde, on n'a plus aucun moyen de diriger ni de juger les travaux. Les plus futiles vont de pair avec les plus importants ; et si un tel état, purement préliminaire et préparatoire, pouvait s'installer, on ne tarderait pas à voir le régime scientifique, tomber en une déchéance analogue à celle du régime théologique et les sciences devenir une sorte d'arcane exploité par les adeptes et justement suspect aux bons esprits. A une époque toute récente on a fait *de l'art pour l'art*; avec quel profit? le résultat est là pour en témoigner. Aujourd'hui on fait de la science pour la science, stérile exercice, dont le public, favorablement prévenu par de glorieux et récents services, et d'ailleurs juge encore peu compétent, appréciera bientôt sévèrement la vanité. La science, si elle était condamnée à n'avoir que cette destination que j'appellerai égoïste, s'affaisserait sur elle-même, ne recrutant pour la servir que des intelligences subalternes. Si, dans les temps précédents et sous son régime préliminaire, elle a eu de si glorieux adorateurs, c'est que, instinctivement, les génies éminents qui s'y devouaient sentaient la grandeur sociale de leur mission. Aujourd'hui cette mission expire si elle n'est renouvelée. Mais, par un progrès qui ne pouvait pas longtemps manquer, la philosophie positive, organisant l'anarchie scientifique, donne un ralliement à tout ce qui se dispersait, une tête et un cœur à tout ce qui n'en avait plus, une vie à tout ce qui se mourait. Ici, comme dans le reste, se vérifie cet axiôme profond de la nouvelle philosophie : l'ensemble seul est réel; les parties, à vrai dire, ne le sont pas. Il suffit, pour tout rectifier et pour tout animer, de concevoir que les sciences particulières concourent en une seule science, et que cette science elle-même a pour objet l'humanité. Elle seule nous apprend les conditions du monde, de la vie et de la société, les fatalités rigoureuses qui, par ce triple endroit, pèsent sur nous, et les moyens que la complication même de ces fatalités nous fournit pour les modifier en notre faveur. Connaître l'humanité grâce aux travaux de nos aïeux, et transmettre à nos descendants une humanité mieux connue, c'est le but désormais déterminé de la science.

Pour l'art aussi, la philosophie positive est un terrain où il doit fleurir plus abondant et plus beau : elle lui fournit un objet et un public. L'art païen reste toujours le modèle le plus complet que nous ayons du développement esthétique ; c'est qu'en effet, jusqu'à présent, nul ordre social n'a eu une telle stabilité et n'avait jeté de si profondes racines dans le cœur et dans l'esprit des populations. L'art chrétien, à cet égard, ne lui est pas comparable ; à peine avait-il commencé à charmer le monde par d'admirables créations, que le régime catholico-féodal, qui le portait, en proie à une décomposition intestine, perdit graduellement son ascendant, et que la révolution moderne s'infiltra dans les esprits. Au reste, nous avons eu sous nos yeux une miniature de ce qui s'est passé plus lentement dans ces longues phases sociales. Quand, après les premières violences, la Restauration se fut consolidée et que, à une appréciation superficielle, la légitimité et la Charte parurent concilier l'inconciliable débat entre l'ordre du passé et l'ordre de l'avenir, on vit (tant il faut peu de terre et de soleil !) on vit la restauration de l'art entreprise par des hommes jeunes alors et pleins du feu le plus beau et des plus heureux talents. Pour quelque chose d'aussi artificiel, peu d'années devaient suffire, et, en effet, peu d'années furent accordées. Le coup de juillet vint tout bouleverser, et il fallut passer de la serre chaude au plein vent et aux frimats. Chacun se rappelle les doléances éclatant de tout côté sur l'art qui finissait, sur le désarroi et la confusion universelle. Je n'oserai dire que, sous la quasi-légitimité, aucune direction nouvelle ait été essayée ; en tout cas, un coup plus grave vint de nouveau dissoudre ce qui avait pu se rallier d'aspirations communes. On a là, comme en raccourci, la représentation de ce qui s'est lentement développé en la succession des phases sociales. L'art païen périt quand le christianisme lui enleva son but et son public ; l'art chrétien périt quand la révolution lui fit éprouver le même sort. La devise de *l'art pour l'art* est l'expression désespérée de natures artistes qui n'entendent plus l'écho leur répondre.

Tout change sous le régime positif, qui apporte à la fois un but et un public, deux choses liées indissolublement. De la nouvelle situation des cœurs et des esprits naît un idéal splendide, l'humanité, dont la conception est due à la science, mais dont la création esthétique est réservée à l'imagination. Poésie, musique, peinture, sculpture, architecture puiseront à cette source commune. De même que ces divinités droites et immobiles du style égyptien n'ont pris un charme ineffable que transformées et animées par le ciseau grec, de même le type immobile et sévère que fournit la philosophie doit recevoir des mains de l'art ces caractères de grandeur sublime et de beauté infinie dont l'action est si puissante pour toucher les hommes et les élever. Les œuvres iront devant des populations toutes préparées par leur éducation et leurs habitudes à dignement les sentir ; de la sorte s'établira cette réaction salutaire des artistes sur le public, du public sur les artistes, qui est à la fois récompense et jouissance. Idéaliser l'humanité, afin que, cet idéal embellissant notre existence, des types plus parfaits et plus expressifs en surgissent pour l'âge suivant, telle est l'œuvre inépuisable de l'art.

L'industrie ne prospère pas moins sous le régime positif. Séparation définitive des ingénieurs et des savants, aujourd'hui si vicieusement confondus ; extinction définitive du régime militaire ; application de toutes les forces actives à l'exploitation du domaine terrestre ; systématisation régulière des différentes branches de cette exploitation ; telles sont les conditions qui assurent le progrès indéfini des ressources communes et de l'ordre temporel.

Ainsi l'homme, prenant pour objet de toutes ses activités morale, scientifique, esthétique, industrielle, l'humanité, améliore indéfiniment cet idéal, et en est indéfiniment amélioré à son tour. Les générations passent; l'humanité dure; et déjà il est permis à la pensée de s'unir au plus lointain passé, au plus lointain avenir de cette immense existence, et de confondre avec pleine satisfaction une vie individuelle et passagère dans cette vie collective et permanente.

IX.

République occidentale (1).

Le régime positif ne porte en soi aucun particularisme qui le fasse l'apanage de quelques situations privilégiées. Il a une destination pleinement universelle, et doit s'étendre progressivement à toutes les populations du globe terrestre. Si quelques-unes en sont présentement plus voisines que les autres, ce n'est qu'une avance, véritable droit d'aînesse qui, bien compris et bien senti, imposera, envers les populations arriérées, des devoirs et suggérera des procédés tout différents de la politique suivie jusqu'à présent par la civilisation à l'égard de la barbarie ou demi-barbarie.

En ceci comme dans tout le reste, le développement instructif de l'histoire a préparé les éléments, et déjà se sont formés, entre les populations disséminées sur la terre, des groupes plus ou moins étendus, qui justement ont été incapables d'atteindre à l'universalité, parce que tous ils ont appartenu ou appartiennent encore à des ré-

(1) *National*, 24 septembre 1849.

gimes trop peu rationnels. Le plus puissant de ces groupes est celui de l'Europe, avec les vastes ramifications qu'il a jetées en Amérique , en Australie et même en Afrique. Il se compose essentiellement de l'Italie , de la Péninsule ibérique , des îles britanniques, de la France et de l'Allemagne, qui comprend dans son orbite la Hollande, le Danemarck et la Suède. Sur un plan inférieur se trouvent les peuples slaves avec leur christianisme grec, et ils seraient moins voisins sans le chaînon formé par le peuple polonais , qui expie, par la lâche complicité de l'Europe, le tort d'être le premier entre les siens. Au troisième rang viennent les nations musulmanes , à qui Mahomet donna dans le monde une si haute place et une si puissante action. Le quatrième échelon est occupé par les innombrables polythéistes de la Haute-Asie , habiles, comme le furent les polythéistes des théocraties primitives , dans une foule d'arts industriels et de métiers , mais inhabiles à franchir , comme les Grecs le franchirent, le seuil des théories scientifiques. Enfin les fétichistes , dont la plupart sont aujourd'hui confinés dans l'Afrique , nous représentent , quoiqu'à des degrés déjà très divers, l'état mental et les conceptions rudimentaires de notre enfance sociale. En ce tableau on a l'indication des étapes que parcourront, bien plus rapidement il est vrai , les populations arriérées pour se mettre au niveau des plus avancées ; et c'est suivant l'ordre ainsi tracé que , dans le cours des deux ou trois siècles qui vont suivre, se feront les adjonctions successives. On peut estimer par là comment la civilisation que j'appellerai spontanée, par opposition à la civilisation systématique, qui est l'œuvre de la philosophie positive, a établi tous les degrés de l'ascension commune , et que partout il y a seulement à suivre une évolution partout et semblablement commencée.

S'il faut reporter aux Grecs les éléments scientifiques et esthétiques de notre civilisation , c'est aux Romains qu'il faut reporter l'organisation politique du vaste agrégat européen ou occidental. *Tu regere imperio populos*, a dit le poète latin , contemplant la grandeur de sa nation et le service qu'elle rendait aux populations. La Grèce, par des victoires qui font encore battre les cœurs, et dont se souviendra la plus lointaine postérité, défendit notre avenir contre l'invasion des théocraties asiatiques. Mais si , même malgré la pointe heureuse d'Alexandre , elle eût eu en même temps à lutter contre les nations barbares qui occupaient une partie de l'Italie, la Gaule, la Bretagne et la Germanie , la stabilité du centre civilisateur restait livrée aux chances les plus périlleuses. Rome se chargea de cet office ; et , par le plus admirable système de conquête dont l'histoire fasse mention, et qui d'ailleurs ne peut plus avoir d'analogue, soumettant l'Espagne , la Gaule et la Breta-

gue, elle mit sur le bord du Rhin la frontière du
monde civilisé, laquelle était naguère sur la mer
Adriatique. L'empreinte de l'organisation fut telle,
que, même après l'inévitable dissolution, les provinces restèrent romaines d'esprit, et firent passer, au grand profit de l'Occident, les envahisseurs
dans le giron de la mère commune,

Mais, malgré le succès définitif de cette absorp-
tion, la catastrophe qui amena les barbares au
cœur de l'empire, et la longue maladie qui s'ensuivit pour le corps social, prouvaient que l'œuvre
romaine s'était arrêtée trop tôt, et qu'il était fâ-
cheux que quelque César n'eût pas fait pour la
Germanie ce que l'ancien avait fait pour la Gaule.
On voit bien maintenant quel était le danger,
quand on se représente le succès des incursions
des Normands. Qu'eût-ce été si elles avaient été
secondées, comme quelques siècles auparavant,
par l'ébranlement de la Germanie ? Un grand roi
reprit la tâche imparfaite là où Rome l'avait laissée.
Placé dans la Gaule, qui était devenue et qui est
restée le centre normal de l'Occident, Charlemagne entreprit d'en finir avec la barbarie d'outre-
Rhin. Cette fois, le succès fut complet et sans retour ; non-seulement les invasions agressives des
Germains cessèrent, mais eux-mêmes, acquis définitivement à la cause commune de la civilisation,
opposèrent un boulevard inexpugnable à une plus
lointaine et plus sauvage barbarie. Charles roma-

nisa les vastes pays de l'Allemagne autant que l'exigeait leur adjonction au mouvement européen ; et dès-lors le corps social, incomparablement le plus puissant qu'il y ait eu en aucun temps , se trouva constitué. Ce qu'avait de précaire l'établissement grec entre les barbares de l'Occident et les théocraties de l'Asie , ce qu'avait de précaire même l'empire romain en face des profondeurs inexplorées du septentrion , disparut, et un ascendant insurmontable fut assuré aux populations de l'Europe ou issues de l'Europe. Tel est le résultat de la politique romaine, menée à son terme par Charlemagne.

Pendant que l'assimilation s'opérait par les armes, par l'administration, par la législation, par les lettres , une autre assimilation plus profonde encore et plus puissante procédait parallèlement. Aux connexions peu étroites du polythéisme, le catholicisme avait substitué l'unité religieuse ; et un chef, représentant de cette unité, siégeait dans l'antique cité de Romulus, devenue la capitale du monde spirituel. Toute la milice sacerdotale prenait là sa règle et sa discipline. Directrice uniforme des consciences, on comprend combien, sous ce régime prolongé pendant des siècles , les liens se resserrèrent entre les peuples occidentaux et les discordances diminuèrent. Sans doute ce n'est là qu'une préparation et une figure d'un régime où une plus intime et plus sûre association unira ces nations. La concordance mentale ne portait que sur la base étroite d'une foi théologique ; cette foi, toujours menacée , laissait en dehors la science , l'art et l'industrie.

Aussi l'union fut-elle souvent troublée par des discordes intestines ; mais elle dura toujours, et l'ébauche catholique reste , aux yeux de la postérité, une admirable et féconde conception , une création sociale , qui suffirait seule à mettre le moyen âge au-dessus de l'antiquité. Et , dans cet intervalle, que de manifestations témoignèrent du progrès qu'avaient fait les mœurs communes ! Les croisades , vaste entreprise militaire qui mit fin aux invasions musulmanes ; l'industrie se développant simultanément sur les points les plus divers; l'art couvrant l'Europe de cathédrales et chantant les hauts faits des chevaliers et l'amour des dames en des compositions que répétaient toutes les langues européennes ; la métaphysique arrivant par la scolastique à battre en brèche le réalisme et à donner la victoire au nominalisme, avant-coureur nécessaire de la philosophie positive ; la science s'appropriant des découvertes capitales telles que la boussole et la poudre, cultivant les mathématiques, travaillant l'optique et se lançant avec une ardeur fiévreuse dans l'alchimie, préparation de la chimie ; telle est l'évolution collective de l'Europe catholico-féodale.

Cette même évolution collective, minant, par son

progrès, la noble mais incomplète construction , amenait peu à peu à la surface les éléments révolutionnaires qui éclatèrent d'abord par le protestantisme. Dès la première explosion , le coup le plus décisif fut porté : l'unité catholique se trouva rompue. Tout ce qui s'ensuivit n'est qu'une conséquence de cette rupture : le cœur même avait été frappé. Une telle dissolution aurait eu les plus graves conséquences pour l'ordre et la civilisation et annoncé un retour vers la barbarie, si la révolution , qui commençait , n'eût aussitôt fourni aux populations un nouveau ralliement et captivé de moment à moment davantage l'intelligence , les sentiments, les intérêts du groupe européen. Chacun se rappelle comment l'ébranlement protestant, devenant de plus en plus radical, amena la révolution de Hollande et celle d'Angleterre , et comment, se transformant en philosophie critique au 18e siècle, il eut pour dernière explication l'immense révolution de 89, qui rompit définitivement avec tout le régime du passé. D'ardentes sympathies éclatèrent à ce moment dans toute l'Europe : un instant troublées et suspendues par les sanglantes folies de l'impérialisme, elles ont repris leur cours régulier sous l'influence d'une paix longue et bienfaisante. Et comme en même temps les habitudes, les sentiments, les littératures , les arts, les intérêts se sont liés de plus en plus , il en résulte une cohésion très étroite, même en l'absence

de toute unité politique ou philosophique. Aujour-
d'hui l'Europe entière est partagée en deux grands
partis, et partout se poursuit le débat entre la révolution et la contre-révolution, entre le régime
du passé et le régime de l'avenir. La moindre
attention suffit pour montrer d'année en année le
progrès et la pénétration des idées modernes dans
des couches plus profondes et plus lointaines. Les
choses mûrissent rapidement pour un nouveau
pouvoir spirituel qui rétablira l'unité morale et intellectuelle; pour un nouveau pouvoir temporel
qui, appuyé sur cette base meilleure et plus solide,
constituera une véritable fédération européenne.

Tous les efforts de la démocratie occidentale
doivent être dirigés vers ce but, qui, enveloppé
encore de nuages, en est dégagé par la philosophie
positive. Avec une pareille indication on ne verra
plus se reproduire les fautes qui se sont produites
en Europe après la révolution de février. On ne
verra plus les délégués de l'Allemagne, plus préoc-
cupés de questions de nationalité que de questions
générales, poursuivre une guerre acharnée contre
le Danemark et menacer l'Italie parceque, dans
sa timide défense, elle envoyait quelques vais-
seaux observer Trieste. On ne verra plus l'Italie
elle-même, s'isolant dans son succès d'un moment,
hésiter à réclamer un appui nécessaire et prétendre faire à elle seule ce qui évidemment ne
peut être fait qu'en commun. Cette salutaire et

certaine indication n'était pas aperçue avant février : maintenant elle doit présider à la politique
du parti démocratique en Occident. Tout ce qui
tend à isoler les peuples et à entretenir entre eux
des hostilités est contre-révolutionnaire ; tout ce
qui tend à bien faire voir qu'ils sont membres
d'une patrie commune en voie de formation est
révolutionnaire. Il ne faudra pas un long temps
pour qu'une telle tendance soit suivie des plus
heureux effets ; car, dans l'art politique, la puissance, comme la sagesse, consiste à se mettre du
côté des éléments dont l'avénement est dans la loi
de l'histoire.

La paix est le grand agent comme le grand but
de la révolution ; le grand agent, les trente-quatre
années pacifiques qui viennent de s'écouler le
prouvent aux plus incrédules ; le grand but, car
son objet déterminé est d'unir tout l'Occident en
une fédération où disparaîtront les derniers germes
de la guerre. Aujourd'hui que la commotion de
février a produit ce qu'elle avait momentanément
à produire, et qu'un arrêt se fait sentir au moins
dans la propagation matérielle, on peut se rendre
compte de ce qui a été obtenu : la France en
République, la Prusse en monarchie constitutionnelle, l'Autriche elle-même avec une Charte, et
l'Italie, non assez vaincue pour que le silence s'y
fasse, et désormais (ce qui est capital) entrée,
presqu'autant que la France elle-même, dans l'é-

mancipation théologique. Le triomphe des rétro-grades n'a pu aller plus loin. Présentement, les armes se taisent et la discussion commence, la discussion active, inexorable, et contre laquelle nos adversaires se trouvent si faibles que leur rêve est toujours de l'interdire, et, ne le pouvant, leur consolation d'y mettre des entraves. A l'œuvre donc, démocrates de toute l'Europe! et que le danger des persécutions soit un stimulant de plus!

Éteindre jusqu'aux dernières étincelles des hostilités internationales est au premier rang de leurs devoirs et le plus utile des services qu'ils peuvent rendre. Ce général apaisement, qui a déjà fait tant de progrès en Europe, n'en a fait nulle part autant que parmi les prolétaires français, et surtout les prolétaires parisiens, ici, comme en tout le reste, placés, par leurs sentiments, si fort au-dessus des classes qui sont supérieures par la richesse. Il ne faut jamais (cela s'est vu trop souvent sous le règne de Louis-Philippe), il ne faut jamais, dans l'intérêt d'une opposition momentanée, réveiller des préjugés qui s'effacent, attiser des haines qui disparaissent, et pousser à des collisions que la force de la situation a toujours empêchées, et qui, avortant, donnent aux instigateurs le double tort de s'être trompés et d'avoir fait appel à de mauvaises et dangereuses passions. Il faut (on n'a que trop abusé de ce triste moyen contre la Restauration et la quasi-Restauration), il faut renoncer à réhabiliter la mémoire de l'empereur Napoléon, justement condamné et par le résultat immédiat et par le résultat lointain. Je sais que l'imagination populaire est encore fortement saisie par ces souvenirs ; mais il y a au fond une méprise qui, signalée, explique beaucoup de choses : malheureusement, lors de la catastrophe finale, l'intérêt de la tyrannie rétrograde et celui de la défense nationale se trouvèrent confondus. Toutefois, dans le nouveau milieu qui se forme, on rectifiera promptement une opinion qui tend d'elle-même à se rectifier : l'odieux système d'oppression à l'intérieur et de spoliation à l'extérieur qui caractérisa les sept à huit dernières années de l'Empire ne peut rester longtemps encore populaire. L'impression laissée par cette époque funeste compte parmi les causes qui ont le plus entravé au dehors le mouvement de février et empêché une juste confiance dans le peuple français.

Le sentiment de la fraternité européenne grandit à mesure que la révolution se propage et que la cause démocratique fait de nouveaux prosélytes. Les contre-révolutionnaires le sentent bien, qui élèvent, tant qu'ils peuvent, des obstacles entre les peuples, se barricadent chez eux, et prennent les plus inutiles des précautions contre la plus inévitable des propagandes. Quand une armée française, en 1831, vint s'interposer entre les Hollandais et les Belges, et mettre ceux-ci à l'abri de la victoire de

ceux-là, des soldats, on se le rappelle, voulurent
détruire le monument de Waterloo. C'était une
juste susceptibilité , mais, par cela même qu'elle
est juste chez nous, elle est juste aussi chez les
autres. Aux yeux de la démocratie européenne,
les guerres dernières ont été de véritables guerres
civiles ; et, de même que nous n'attristons pas nos
villes et nos campagnes par la vue de trophées
érigés en l'honneur d'une défaite des Vendéens, de
même nous devons bannir les trophées qui humi-
lient les uns sans profit pour les autres. Le monument de Waterloo sera détruit par les mains de
ceux qui l'ont élevé ; mais auparavant, un tel
exemple, essentiellement démocratique , sera
donné par la France et suivi par le reste de l'Occident. On effacera, chez nous, les marques des
victoires de l'Empire ; et, chez les autres, on effacera les marques des victoires sur l'Empire, jusqu'à ce qu'enfin un drapeau dont on conviendra
réunisse sous ses plis toute la famille européenne,
sans effacer les drapeaux nationaux. Car le régime
positif, nécessairement historique, loin d'annuler
les nationalités, rendra aux provinces mêmes une
place légitime.

Le cœur saigne, en ce moment où l'anarchie
est si grande et où cependant les sentiments com-
mencent à se faire jour, le cœur saigne quand on
voit l'Italie en proie aux plus brutales violences.
L'Autrichien y règne en maître : il fusille, il pend

ceux qui lui sont suspects de patriotisme, il bâ-
tonne les hommes, il fustige les femmes, infligeant
ainsi tour-à-tour la mort et la honte, plus cruelle
que la mort. Et c'est cette Italie à qui l'Europe
doit Dante et d'admirables poésies, des peintures
qui rivalisent avec les plus splendides créations de
l'antiquité, une musique dont le charme pénètre
partout, des découvertes scientifiques qui comptent, pour une part notable, dans le commun héritage ! Certes la royauté, flanquée des serfs septentrionaux, doit être oublieuse de tant et de si grands
services rendus à l'Occident. Mais la démocratie
n'arrive que pour mettre fin à de telles monstruo-
sités ; devant ses yeux, l'oppression systématique
d'un membre de la famille, serait un véritable fra-
tricide. Une profonde reconnaissance est due à
chacun. Qui pourrait concevoir l'histoire de l'Occident, le progrès de nos sciences, la perfection de
nos beaux-arts, l'éclat de nos littératures, le développement de notre industrie, si l'on y suppri-
mait quelqu'un des grands organes, Italie, Espagne, France, Angleterre, Allemagne ?

Jusqu'à présent les démocrates se sont renfer-
més dans les limites de leurs patries respectives,
se contentant d'accorder de sincères sympathies
à leurs frères de tous les pays. Aujourd'hui il importe de donner à ces sympathies une direction
plus déterminée. C'est une profonde illusion de
croire que l'Europe puisse demeurer en l'état où

elle est. Toutes les conditions de l'ancienne organisation ont disparu ou disparaissent. Les commotions prennent une gravité et une généralité qui ne laissent plus de doute sur la voie et sur l'issue. C'est donc un thème de propagande aussi noble qu'opportun de préparer partout les esprits à la fusion démocratique qui doit s'opérer. Il est temps que des comités internationaux s'organisent. Voilà leur besogne nettement déterminée !

Ceux qui étudient avec quelque soin les connexions sociales, comprendront comment la philosophie positive, qui signale l'aboutissement nécessaire de notre grande révolution, est aussi celle qui trace la modification des rapports internationaux. Par son histoire, par ses sentiments, par ses intérêts, l'Occident est poussé vers une confédération républicaine.

X.

Révision de la Constitution (1).

L'Assemblée constituante a sagement introduit dans la Constitution une clause qui en permet la révision. En effet, sauf l'élimination définitive de la royauté, notre République actuelle est essentiellement indéterminée ; celui-là seul s'en étonnerait qui pourrait oublier combien de préjugés, saisis tous vivants par la révolution, ont été sans intermédiaire transportés de l'ordre monarchique dans l'ordre républicain. Mais il est une cause plus profonde et plus permanente dont, avant la philosophie positive, il était impossible qu'on fût averti : c'est que, l'aboutissement de notre grande révolution étant la réorganisation des opinions et des mœurs, en d'autres termes étant la création d'un nouveau pouvoir spirituel et d'un nouveau pouvoir temporel, tout ce qui précède, tout ce qui passe sous nos yeux n'est qu'une phase, une transition, une étape. Rien ne s'arrête, rien ne demeure ;

(1) *National*, 1er octobre 1849.

seulement tout va en se déterminant davantage ;
et la stabilité réelle et durable n'est qu'au bout et
au prix de l'élaboration sociale que nous traversons. C'est le gouvernement le plus convenable à
une pareille situation qu'il s'agit d'examiner ;
examen auquel la Constitution qui nous régit offre
une pleine latitude ; et le nivellement de tous les
obstacles, grâces à l'abolition de la royauté, une
pleine efficacité. Quelques points (et ceci m'oblige
à une courte explication), quelques points entre
ceux que je vais développer frapperont par leur
ressemblance avec certaines parties de la discussion d'un journal de Paris. Un débat de priorité,
non pas pour moi qui suis ici sans prétentions,
mais même pour M. Comte, est loin de ma pensée.
Si les idées en question, parvenues au journal par
voie directe ou indirecte, y ont été accueillies,
tant mieux ; c'est une preuve qu'examinées, elles
ont été trouvées bonnes par une personne pleinement désintéressée dans leur élaboration ; si, au
contraire, elles y ont surgi spontanément, tant
mieux encore ; c'est une garantie de plus pour
leur justesse et leur utilité qu'elles soient nées simultanément en des esprits sans communication
les uns avec les autres. Mais, pour rendre manifeste l'une ou l'autre alternative, je dirai qu'elles
ont été publiées au mois d'août 1848 dans une
brochure rédigée en commun par M. Lafitte, professeur de mathématiques, M. Magnin, ouvrier

menuisier, et moi (1) ; et qu'un mois auparavant,
en juillet 1848, elles avaient été indiquées par
M. Comte lui-même dans ce *discours* dont je
rends compte présentement.

Je reviens. Besoin n'est pas de rappeler que la
révolution date non pas seulement, comme sans
doute quelques esprits se le figurent, du 24 février 1848, non pas du 29 juillet 1830, non pas
de la chute de l'empire, causée par l'alliance momentanée des rois et des peuples, mais de l'explosion décisive qui, en 89, commença de transporter
dans l'ordre politique la mutation déjà opérée dans
les intelligences. Besoin n'est pas de rappeler que
la République elle-même, quelque bienfaisante
que soit déjà son action sociale, n'a de définitif
encore que son côté négatif ; à savoir la suppression de la monarchie. Besoin n'est pas, non plus,
quand on a vu quel a été le sort du gouvernement
constitutionnel en France, de longuement s'appe-
santir pour faire comprendre ce qu'il sera, dans
un délai plus ou moins court, en Italie, en Allemagne, en Autriche. Nous sommes donc partout
en face d'un provisoire, nulle part plus apparent
que dans notre propre pays, où les dernières illusions viennent de s'envoler. Le socialisme, senti-

(1) Rapport à la Société positiviste par la commission
chargée d'examiner la nature et le plan du nouveau gouvernement revolutionnaire de la République française, août
1848. Mathias, quai Malaquais, 15.

ment aujourd'hui implanté d'un bout de l'Europe à l'autre, annonce le but ultérieur où nous tendons, et la philosophie positive le définit et le signale avec précision.

Ce provisoire n'a rien qui doive nous effrayer ; loin de là, il importe à la sûreté commune, qu'il soit évident et manifeste à tous les yeux. Cette vue nette d'un état réel n'est autre chose que le fanal qui guide le navigateur attérissant. Éteindre ou masquer les feux nocturnes de la tour ne contribuerait certes en rien à diminuer les dangers de la navigation. Or, n'est-ce pas ce que l'on faisait lorsqu'à des pouvoirs que l'épreuve de l'expérience a montrés si transitoires, on attribuait un caractère définitif et permanent. Un tel caractère, si complètement en désaccord (le fait le prouve comme la théorie) avec la situation véritable de la société, a indubitablement concouru, pour une grande part, à la catastrophe qui les a tous précipités. Ces pouvoirs déchus, au fond révolutionnaires par leur origine, mais se méprenant sur la condition du milieu, et voulant se faire perpétuels, ont utilisé à cette fin ce qu'il y avait de praticable pour eux dans le système rétrograde; et, par là, se sont inévitablement perdus. Ce qui, depuis l'ère moderne, renverse un gouvernement, ce n'est pas la révolution ascendante, c'est la réaction descendante. La révolution s'accommode de tout gouvernement progressif; mais aucun peuple ne s'accommode présentement d'une rétrogradation quelque peu prolongée.

La Convention, le seul gouvernement vraiment progressif que nous ayons eu depuis soixante ans et qui, à défaut de théorie, était guidée par des instincts si sûrs, n'y fut pas trompée. « Seule, dit M. Comte, p. 107, elle sut éviter l'orgueilleuse illusion de bâtir directement pour l'éternité sans attendre aucune fondation intellectuelle et morale. Par cela même que ses grandes mesures furent ouvertement provisoires, sans excepter celles qui concernaient plutôt l'avenir que le présent, elles se trouvèrent en harmonie avec le milieu qu'elles devaient modifier. Tout vrai philosophe éprouvera toujours une respectueuse admiration pour cette sagesse instinctive, qui non-seulement n'était secondée par aucune théorie réelle, mais avait à combattre sans cesse la métaphysique décevante à travers laquelle devaient penser les seuls hommes d'état vraiment éminents dont l'Occident puisse s'honorer depuis la mort du grand Frédéric. Cette supériorité serait d'ailleurs inexplicable si les impérieuses nécessités qui l'exigèrent n'en avaient aussi secondé beaucoup l'essor, soit en manifestant mieux l'impossibilité actuelle d'aucun régime définitif, soit en contenant les anarchiques illusions de la doctrine officielle par l'énergique concentration qui pouvait seule empêcher une invasion rétrograde. Quand ce besoin salutaire cessa de prévaloir, la grande assemblée subit à son tour, quoique beaucoup moins que sa devancière, le vulgaire entraînement métaphysique vers la constitution abstraite et totale d'un prétendu état final, dont la durée ne s'étendit même pas jusqu'à la première paix. »

On peut affirmer (et cette assertion cessera de paraître paradoxale à ceux qui réfléchiront), on peut affirmer que dans la situation présente de l'Europe, tout gouvernement qui prétend à être définitif est par cela même rétrograde et menacé d'une ruine plus ou moins prochaine. Se croire définitif, c'est s'imaginer que le terme de la grande révolution est atteint; et, comme, en fait, il ne l'est pas, non-seulement on ne travaillera en aucune façon à y parvenir, mais encore on emploiera, pour se maintenir, tous les débris du régime passé, auxquels on donnera tant bien que mal une vie factice et une résurrection menteuse. Car, en l'absence des doctrines positives qui doivent présider au régime de l'avenir, où prendre un appui si ce n'est dans les doctrines rétrogrades, qui ont été aussi propres à gouverner les âges antérieurs qu'elles sont impropres à gouverner l'âge actuel? Des trois monarchies tombées, dont les héritiers s'allient aujourd'hui (jusqu'où et jusques à quand?) contre la République, considérez chacune l'une après l'autre dans leur ordre chronologique. L'impérialisme, créant une noblesse et des majorats, inaugura la guerre et déchaîna la conquête au milieu des nations déjà si fraternelles de l'Europe et à la lumière déjà si éclatante du 19e siècle ; mais imaginez, si vous pouvez, l'empereur Napoléon entamant, sans la guerre, sa guerre contre la révolution et n'absorbant pas toute l'attention publique en des triomphes chèrement achetés, en des périls chaque jour plus menaçants ; ceci dura environ dix ans. La Restauration se mit à chercher parmi la France nouvelle les restes de ses soutiens naturels, droit légitime, noblesse, clergé ; mais que faire avec de telles prétentions, devant une opinion hostile, avec une presse mal bâillonnée, et sans ce qui porta tout le moyen âge, la foi théologique et l'ordre féodal, c'est-à-dire l'ordre spirituel et l'ordre temporel, tous deux déchus et gisant dans la poudre ? Ceci dura quinze ans. La quasi restauration, se modelant nécessairement sur l'Angleterre, essaya de la haute bourgeoisie, tâta du clergé ; mais elle n'avait ni une révolution protestante, gage d'une certaine foi théologique, ni un corps ecclésiastique héritier incomplet, sans doute, mais enfin héritier des grandes prérogatives du moyen âge, ni une chambre haute encore toute féodale. Ceci dura dix-huit ans. Ainsi ce qui se crut définitif fut rétrograde ; ce qui se prétendait permanent fut singulièrement transitoire.

Donc, un provisoire nettement reconnu et franchement accepté tel que je le détermine, est ce qui convient le mieux tant que durera l'interrègne intellectuel et moral. Dans les circonstances incessamment changeantes où nous vivons, il n'y a qu'un gouvernement de circonstance qui puisse avoir la stabilité et inspirer la confiance. Dans le mouvement rapide qui nous entraîne vers la clôture finale de la révolution, il n'y a qu'un gouvernement véritablement approprié à la marche des choses, qui puisse éviter les violents soubresauts dont tous les autres nous ont rendus victimes. Pour une parfaite intelligence du sujet, il y a lieu de partager le temps écoulé depuis 89 jusqu'à l'époque, non extrêmement éloignée, où les opinions et les mœurs commenceront à être suffisamment réorganisées, en deux périodes. La première arrive jusqu'au temps actuel, et, sauf le notable essai de la Convention, comprend des pouvoirs toujours rétrogrades au fond, toujours définitifs en apparence, toujours éphémères en réalité. La seconde commence avec les indications lumineuses de la philosophie nouvelle. En d'autres termes, la première clot la partie négative, la seconde inaugure la partie positive du régime transitoire propre à la révolution occidentale. Les quatre caractères essentiels de cette partie positive sont: la pleine liberté d'exposition et de discussion, afin que la véritable opinion publique se forme et soit mise réellement en demeure de choisir entre le passé et l'avenir ; la prépondérance continue du pouvoir central, afin que les tendances progressives soient clairement manifestées et que l'ordre matériel soit vigoureusement maintenu ; la stricte limitation du pouvoir local ou parlementaire à l'examen du budget , afin que la richesse publique soit soigneusement administrée , sans distraction en de vains conflits d'autorité , sans immixtion incompétente en la fabrication des lois et l'administration : enfin, la remise du pouvoir entre les mains d'éminents prolétaires, afin que les classes supérieures , si évidemment incapables de conduire les choses en la transition révolutionnaire, soient, dans l'intérêt de tous, déchargées de leur fardeau, et que la généralité des vues et la générosité des sentiments trouvent enfin de dignes organes.

M. Comte appelle pouvoir local la chambre des députés. En effet, chaque député élu par un département est plus ou moins sous l'influence de l'esprit, des tendances et des intérêts de ce département. C'est de la sorte que la chambre des députés est véritablement un pouvoir local, toujours plus ou moins étranger aux tendances générales qui doivent diriger le pays dans son ensemble. Il y a longtemps qu'on a signalé l'impossibilité où est un tel corps de faire de bonnes lois , attendu les amendements qui se croisent et l'esprit du projet qui se perd au milieu de ces divagations. Il y a longtemps qu'on a signalé le désordre que porte dans l'administration la nécessité où est un ministère de faire des concessions ou perturbatrices, ou contradictoires, pour s'assurer une majorité. Ajoutez que, dans le système parlementaire, la prépondérance politique est attribuée à l'habileté de la parole, et la capacité de conception subordonnée au talent d'élocution; c'est en vertu de cette très mauvaise disposition, non réprimée, comme en Angleterre, par un système aristocratique, que le pouvoir se trouve dévolu aux avocats, aux rhéteurs, aux professeurs, aux journalistes, aux hommes de lettres. En restreignant la chambre des députés au vote de l'impôt, on détruit le théâtre où les acteurs viennent gagner une notoriété et un crédit qui les conduisent à la direction des affaires. Mais tout ceci, quelle qu'en soit l'importance, est accessoire : la raison fondamentale reste que, dans un grand pays comme la France, l'élaboration progressive est moins rapide à la circonférence qu'au centre. Or, dans le régime transitoire que nous traversons, rien n'est plus dangereux que des retards ou des tendances rétrogrades.

En conséquence, la chambre des députés doit être considérablement réduite en nombre et avoir pour unique attribution le contrôle et le vote des recettes et des dépenses. Nommée au suffrage universel, ses fonctions seront gratuites, afin qu'elles arrivent surtout aux mains d'hommes riches, cette classe d'hommes étant particulièrement apte à régler de la manière la plus exacte et la plus utile les matières financières.

M. Comte nomme pouvoir central celui qui est chargé non-seulement, comme l'ancien pouvoir exécutif, de diriger les affaires générales du pays, mais encore, d'après la modification susdite de la chambre des députés, de faire les lois. Mais cette extension d'attribution serait insuffisante pour lui donner un caractère vraiment nouveau si son origine n'était pas différente. Pour quiconque a saisi la cause des ébranlements révolutionnaires qui viennent si fréquemment déranger un ordre visiblement précaire, il est clair qu'ils sont provoqués par les tendances rétrogrades des gouvernements. C'est donc contre ces tendances qu'il faut se mettre en garde. Or, on n'y parviendra qu'en chargeant de la nomination du pouvoir central le corps électoral le plus ouvert à l'esprit progressif. Par cette condition essentielle, une telle nomination revient au peuple de Paris. On se récriera certainement contre une pareille disposition, surtout dans un moment où tout ce qui n'a pas vu de bon œil l'établissement de la République s'insurge avec violence contre l'usurpation prétendue de la capitale. Cependant ce n'est pas autre chose que reconnaître un fait. Depuis que nous sommes en révolution, Paris a toujours défait et refait les gouvernements; et tant que la France restera la

France , il en sera ainsi. Paris n'est point une ville particulière qui ait sa population à soi : il reçoit ses habitants de tous les points du territoire; et, à tous ces nouveaux venus, il inspire cet esprit de généralité, de sage impartialité , d'énergiques résolutions qui est le privilége de la glorieuse capitale de la France La force des choses lui a constamment attribué, dans nos péripéties révolutionnaires, la nomination ou la sanction des chefs qui ont gouverné. Qu'y a-t-il à faire pour la politique positive, sinon de reconnaître cette inévitable attribution, et de la régulariser ? Paris doit nommer sciemment nos chefs, au lieu de prêter insciemment sa force à ceux que le hasard lui offre. Pour mettre toutes les fausses prétentions à néant, remarquez que l'électorat est une fonction, et que toute fonction doit être confiée à celui qui est capable de la mieux remplir. Or, il est incontestable que Paris est le plus apte à nommer le pouvoir central, comme il est incontestable que les départements doivent avoir la haute main sur le budget. Au reste, on ne changerait pas notablement l'esprit de l'élection si au peuple de Paris on adjoignait celui des cinq ou six plus grandes villes de la France. Les derniers événements ont montré que ces centres d'activité étaient à l'unisson de Paris.

Soit que l'on s'en tienne à Paris , soit qu'on étende l'élection aux autres grandes villes, l'essentiel est que l'origine du pouvoir central soit dans le foyer même des sentiments et des idées qui meuvent le monde moderne. Continuellement rééligible en tout ou en partie, il sera composé de trois hommes ; cela est indiqué par une division naturelle des affaires : l'extérieur avec l'armée et la marine ; l'intérieur, et enfin les finances ; trois grandes fonctions, trois fonctionnaires. Par un tel gouvernement, c'est revenir, dans la donnée et sous les conditions d'une société démocratique, à ce qui se pratiquait dans l'ancienne monarchie, et reprendre notre tradition un moment interrompue par le régime constitutionnel. Les états généraux n'étaient appelés que pour le budget ; ils arrivaient, il est vrai, avec leurs cahiers et faisaient des remontrances ; mais le pouvoir central gardait la plénitude de ses attributions. Comme, à ce moment, le pouvoir central était dans sa période ascendante et favorisait les véritables intérêts populaires, il avait pour lui les sympathies générales ; les tentatives aristocratiques n'aboutirent qu'à le fortifier. Rendre au pouvoir central son action, et au pouvoir local sa fonction, c'est continuer, avec des formes nouvelles, un système qui a dignement préparé la France à être le chef de la grande rénovation moderne.

En face d'un pouvoir central ainsi organisé, il faut organiser une puissante opinion publique. Pour y atteindre, la première condition est l'entière liberté des clubs : l'établissement régulier de pareils centres de surveillance et de discussion est le complément de toute institution démocratique. La seconde est la complète liberté de la presse, c'est-à-dire la suppression des cautionnements, l'écartement de la fiction du gérant, et l'abolition de la clause immorale qui protége la vie privée de l'homme public. La vie privée est la première garantie de la vie publique. La troisième est la pleine liberté de l'éducation. De la sorte, le gouvernement est à la fois surveillé avec vigilance et réduit à une action purement temporelle. Ce dernier point est capital en un temps où tout dépend d'une réorganisanion spirituelle.

La conséquence inévitable du système ici proposé est de faire arriver le pouvoir central aux mains des prolétaires. Chaque classe, dans le monde moderne, a été révolutionnaire à son tour; en d'autres termes, a servi l'évolution qui se prépare et le passage du régime théologique au régime positif. Les rois ont été longtemps les agents de ce mouvement. Puis est venu le tour des bourgeois, qui se firent les exécuteurs des restes de la féodalité et sapèrent les bases de la rauyauté. Suffisants à mener à bien cette partie négative de notre régime transitoire, ils ne le sont pas pour la partie positive. Celle-ci échoit aux prolétaires; comme elle est voisine de la clôture de la révolution, elle exige un sentiment de la sociabilité ne se trouvant aujourd'hui que chez ceux que leur nombre, leur pauvreté et leur dégagement de la plupart des préjugés métaphysiques appellent à ce rôle. Les prolétaires montent comme un flot grossissant. Les autres classes n'ont plus que des peurs et des regrets; eux seuls ont des aspirations et la fermeté du cœur. Les choses, en changeant, changent d'organes. Ceux qui ont entamé la révolution ne peuvent la finir. Cette tâche est dévolue aux prolétaires.

Ainsi, la philosophie positive indique, comme propre à nous faire traverser la fin de l'état révolutionnaire, un gouvernement où la gestion financière sera remise aux départements, la conduite de la politique générale à Paris, et où les forces spirituelles seront continuellement livrées à leurs propres tendances. C'est dans ce sens qu'elle conseille la révision légale de la Constitution.

XI.

Mesures à prendre les plus prochaines (1).

Le gouvernement caractérisé par la limitation du pouvoir parlementaire et l'extension du pouvoir central, par l'influence des départements sur le budget, et des grandes villes (soit Paris seul, soit Paris et les autres) sur la direction générale, par la remise spontanée des affaires financières entre les mains de gens aisés et des affaires politiques entre les mains de prolétaires; ce gouvernement, dis-je, vers lequel doit tendre la révision légale de la Constitution, aura d'importantes mesures à prendre immédiatement. Ce n'est pas pour le jeu stérile d'un mécanisme quelconque, c'est pour une action prompte et décisive que la politique appelle de nouveaux organes.

La première de ces mesures est une immense réduction de l'armée. Elle aurait dû tout d'abord occuper le gouvernement républicain après le 24 février; loin de là, on ne songea qu'à augmenter l'état militaire. Avec quel profit pour la France où pour l'Europe? l'événement s'est chargé de le

(1) *National*, 15 octobre 1849.

dire : poids insupportable pour les contribuables, danger pour nos finances, et néanmoins, au dehors, nullité complète, aussi profonde dans l'attaque d'une ville isolée, qu'on savait bien hors d'état de se défendre, que dans l'humble rétablissement du pape et de l'inquisition. Et qu'on ne prétende pas qu'une meilleure politique aurait autrement utilisé une brave et belle armée de cinq cent mille hommes. Il n'y a plus de place en Europe pour l'action de pareilles forces. Lors de la dernière commotion européenne, les esprits n'étaient pas assez préparés pour comprendre la solidarité intime de chaque nation et la nécessité d'une coopération commune; de là, en toute hypothèse, l'inutilité de notre immense armée. Lors de la prochaine commotion européenne, les démocraties occidentales se sentiront tellement sœurs, et si bien assurées de leur mutuel appui, que derechef et pour un autre motif, les grandes armées et, partant, les grandes guerres n'auront aucun emploi.

En attendant, il faut, nous, savoir nous délivrer d'un fardeau écrasant. En cet endroit, le gouvernement tire, qu'on me permette de citer le proverbe, d'un même sac deux moutures. Lui demande-t-on la diminution de l'armée, il invoque, pour repousser une telle demande, l'état menaçant de l'Europe et les conflits possibles. Lui reproche-t-on la chute des insurrections populaires et la possibilité d'une coalition contre nous, il répond qu'aucune hostilité n'est à craindre de la part des grandes puissances, arguant ainsi d'une seule et même situation pour justifier tantôt sa politique extérieure, tantôt son budget militaire. Le fait est que la seconde alternative est la seule véritable; la paix est assurée, et les grandes puissances, aussi bien que les petites, ont trop à faire avec leurs sujets pour songer à l'immense et périlleuse entreprise d'une guerre contre la République française. Nul roi d'Europe ne se sent, en présence de l'hostilité sourde ou déclarée de ses sujets, la velléité de venir provoquer sur leur propre territoire ces millions de paysans, d'ouvriers, de bourgeois, à qui la fumée de la poudre ne cause aucune peur. Je n'irai pas relaire ici l'admirable page de P.-L. Courier, gravée dans tous les souvenirs, et exprimant, en traits acérés comme la pointe d'une épée, et quasi le lendemain de Waterloo, que la France, sans roi ni empereur, sans noblesse ancienne ou nouvelle, sans garde impériale ou royale, saurait bien se défendre contre toutes les coalitions, si sa ferme résolution de poursuivre son œuvre rénovatrice rencontrait quelque *veto* en Europe. Cet éminent révolutionnaire (pourquoi ne rappellerais-je pas qu'il fût aussi un habile helléniste, et merveilleusement versé dans la connaissance de notre vieille langue du XVIe siècle, unissant la plus curieuse érudition et les plus vives tendances démocratiques), cet éminent révolutionnaire ne vécut pas assez pour voir le principe rétrograde frappé d'immobilité en 1830, vigoureusement attaqué en 1848 dans l'Italie, dans l'Allemagne, dans la Hongrie, et, aux deux époques, incapable de rien entreprendre contre la démocratie française.

Il faut bien le dire : de même que l'Autriche entretient une armée énorme, non pas pour combattre la Russie, mais pour comprimer l'Italie, la Bohême, la Hongrie; de même que la Prusse se tient sur le pied de guerre, non pas pour guerroyer contre le Nord ou le Midi, mais pour contenir ses démocrates, écraser l'insurrection badoise, prêter main-forte contre les insurgés saxons; de même le gouvernement français ne garde quatre ou cinq cent mille homme sous les armes pour aucune crainte qu'il ait d'une agression étrangère, mais il les garde contre l'intérieur. On voit combien il importe que le nouveau gouvernement qui devra sa naissance à la révision de la Constitution, soit soustrait à la nécessité de ne vivre qu'entouré de sabres, de canons et de baïonnettes, et, réciproquement, combien ce nouveau gouvernement devra se hâter de soulager le pays d'un fardeau fiscal sous lequel tout languit, et qui expose incessamment nos finances aux plus graves embarras. Un gouvernement progressif remis entre les mains de prolétaires, peut seul dorénavant nous procurer cette économie tutélaire, cet immense bienfait.

Sans entrer ici dans aucun détail sur l'effectif à fixer, on arrivera certainement à le réduire de façon que la conscription, ce dur et inégal tribut, cesse de peser sur les populations. C'est à regret que les familles voient partir leurs enfants; c'est à regret que les jeunes gens eux-mêmes quittent la charrue ou l'atelier pour aller au régiment. Il n'y a plus de service volontaire que chez les officiers et chez un certain nombre d'hommes que leur goût amène sous le drapeau. Ce nombre sera suffisant, ou peu s'en faudra, pour alimenter l'armée que réclame la fin de notre régime transitoire. Et dès-lors quel allégement pour chacun! quelle satisfaction pour les familles de voir arriver sans inquiétude l'âge où il faudrait tirer au sort! quelle diminution dans nos dépenses! que de bras vigoureux restitués à la production! quelle garantie donnée à la paix européenne! quel exemple de confiance en nos forces! quelle preuve de renoncement à toute ambition violente et perturbatrice! quel champ ouvert à notre influence morale! quel gage de fraternité envers toutes les démocraties d'Europe! Je n'ai pas besoin d'ajouter que la marine éprouvera une réduction semblable. On n'en doit garder que ce qu'il faut pour protéger nos possessions lointaines et prendre notre part de la police des mers. Mais tout ce qui tend

à constituer un marine aggressive doit être re-
tranché.

De telles et si grande économies agiront de la
façon la plus favorable sur la fortune publique.
Comme un bateau trop chargé qui s'enfonce, et
duquel on retire un poids encombrant, les finan
ces de l'État se relèveront par cet immense allégement, et avec elles les finances privées, qui en
dépendent par tant de liens. En même temps, le
gouvernement aura à sa disposition des ressources
considérables pour entreprendre de vastes travaux
d'utilité. Dès-lors on pourra commencer à envisa-
ger le territoire de la France comme un grand
domaine qu'il s'agit d'améliorer systématique-
ment. Extension des chemins de fer et des routes ;
agrandissement de la viabilité cantonale ; cours
d'eau mieux utilisés, soit pour la navigation, soit
pour l'arrosement ; reboisement ; desséchement
des lieux inondés ; mise en culture de ce qui en
vaut la peine ; abandon des localités décidément
insalubres aux bois et aux bêtes ; assainissement
des habitations urbaines et rurales : tel est le programme pour lequel il faut beaucoup d'argent, et
pour lequel on en manquera toujours si l'on s'ob-
stine à dépenser improductivement de si grosses
sommes. Mais on s'y obstinera (qui ne voit la liaison d'une fausse politique et d'un vaste état militaire?), on s'y obstinera (qui ne voit la liaison
d'une fausse politique et des classes auxquelles est

remis présentement, mais provisoirement, le pouvoir?), on s'y obstinera tant que le mouvement moderne n'aura pas trouvé ses vrais organes. Sans doute aussi, le nouveau gouvernement aura lieu de songer à instituer quelques fêtes populaires. Quoique les véritables fêtes de l'humanité ne puissent commencer que sous le régime pleinement positif, et après la réorganisation des opinions et des mœurs, toutefois, en choisissant des anniversaires chers à la nation ou quelques grandes mémoires vénérées du public occidental, il ne sera pas impossible de susciter des sympathies générales qui seules font le charme et la puissance de ces solennités. Alors il faudra se souvenir, sauf accomodation à notre temps, des magnifiques fêtes que donnait la Grèce à Olympie, à l'Isthme de Corinthe, dans la ville d'Athènes, fêtes qui n'ont été qu'imparfaitement reproduites par les tournois et les trouvères, et qui sont définitivement tombées en désuétude au fur et à mesure que la vieille organisation sociale tombait en décadence. Exercices corporels, musique et poésie, sauront encore captiver les yeux et les oreilles d'une foule attentive. Telle est la féconde propriété du régime positif, qu'il va redemander de bonnes choses oubliées aux civilisations perdues, même aux plus lointaines, même à l'humble fétichisme, qui doit nous enseigner à mieux traiter, tout en tenant compte des inexorables exigences de notre organisation, les animaux qui vivent avec nous.

Ce n'est encore, on peut l'affirmer, que le gouvernement issu des entrailles mêmes de la démocratie qui prendra une autre mesure, provisoire aussi mais non moins essentielle à la terminaison de notre révolution, à savoir la suppression du budget des cultes et du budget de l'Université. Comme tout autre gouvernement sera conservateur, c'est-à-dire disposé à emprunter au passé les moyens de maintenir l'ordre, il ne voudra jamais se priver de l'influence sacerdotale, qu'il croit utile, attendu qu'elle a régi jadis les populations, ni de l'influence métaphysique, qui fournit l'aliment intellectuel aux classes actuellement dirigeantes. Tout se tient : la révolution, comme un cheval de manége, ne fera que piétiner tant qu'on n'aura pas franchi résolument ce double pas. On ira de réaction rétrograde en commotion progressive, d'oscillation vers un côté en oscillation vers un autre, tant que le dernier fil qui tient encore réunies les doctrines du passé n'aura pas été coupé. Ni l'éducation que donne la théologie, ni l'instruction que donne la métaphysique ne sont désormais capables de prévenir les explosions, elles ne le sont pas non plus de rien organiser, engagées qu'elles se trouvent en un conflit insoluble, se haïssant et toutefois étant la condition l'une de l'autre. La métaphysique ne vit aujourd'hui que parce qu'elle semble une protestation et une indé-

pendance contre la théologie; la théologie ne vit
que parce qu'elle semble une garantie et une utilité contre les divagations interminables et les sug-
gestions individuelles de l'esprit métaphysique.
C'est, dans l'ordre spirituel, la véritable et vive
image de ce qu'était, dans l'ordre temporel, le
régime constitutionnel. La métaphysique représente le pouvoir parlementaire, tracassier, diva-
gateur, anarchique, mais maintenu parce que la
royauté avait cessé d'inspirer aucune confiance. La
théologie représente le pouvoir royal, rétrograde,
stérile, déclassé, mais maintenu parce qu'il sem-
blait remplir le rôle, négatif sans doute, de défen-
seur de l'ordre. Ce n'était qu'un semblant; trois
chutes pesantes en un bref intervalle l'ont démontré; et la République a fait justice du fantôme. De
même que, dans l'ordre temporel, il était absolument indispensable pour le progrès ultérieur
qu'elle nivelât la royauté, cet obstacle toujours de-
bout, ce mensonge de stabilité toujours trompeur,
de même, dans l'ordre spirituel, il est indispensable qu'elle abandonne ce couple inséparable,
théologie et métaphysique, qui déçoit les esprits
en laissant croire qu'il existe encore une organisation intellectuelle et morale de la société. La
suppression des budgets théologique et métaphysique est le corollaire de la suppression de la
royauté.

Il va sans dire que le gouvernement, non-seulement conservera , mais encore développera l'instruction primaire. Il va sans dire qu'il maintiendra ses écoles spéciales, et même il en est une nouvelle dont je vais bientôt indiquer le plan et conseiller la création. Mais tout ce qui prétend à donner l'éducation complète de l'homme, tout ce qui, partant de la théologie et de la morale, essaie d'arriver à la science et ne le peut à cause d'une incompatibilité radicale entre les deux points de vue, tout ce qui, partant de la science et de la métaphysique, essaie d'arriver à la morale et à la société, et ne le peut faute d'un système réel sur l'histoire et sur la connaissance de l'humanité, tout cela, dis-je, doit cesser d'être alimenté par l'État. Dès que cet appui faillira, il sera manifeste combien caduc est déjà devenu le régime actuel. Plus on ira, plus on comprendra qu'on est en présence d'un dilemme inexorable : ou conserver l'éducation actuelle, mi-théologique, mi-métaphysique, par conséquent les opinions et les mœurs, par conséquent l'instabilité de notre société, l'anarchie matérielle n'étant que l'effet de l'anarchie spirituelle , ou abandonner décidément cette prétendue ancre de salut qui ne sauve plus rien, et permettre une franche et libre compétition entre le régime théologique, le régime métaphysique, et le régime positif. Donc, avant tout, il importe de réduire le gouvernement à ses attributions pratiques, dégagées de toute vaine prétention à retenir une prépondérance théorique qu'il dut provisoirement usurper lors de la décomposition nécessaire du régime catholico-féodal. L'avénement politique du peuple suscitera les seuls gouverneurs qui veuillent aujourd'hui renoncer à toute domination spirituelle. L'État ne peut donner la liberté d'enseignement sans cesser de payer le budget ecclésiastique ; il ne peut non plus cesser de payer le budget ecclésiastique sans donner la liberté d'enseignement. Au reste, une telle transition se fera en respectant scrupuleusement les intérêts des personnes ecclésiastiques et universitaires. Il n'est pas permis de briser des carrières où les particuliers se sont engagés sur la foi publique. Le régime positif non-seulement n'ébranle pas les propriétaires; mais il tend à consolider les fonctionnaires.

De même que la Convention, guidée par son merveilleux pressentiment social, fit une tentative caractéristique, mais insuffisante, en créant l'École polytechnique, où l'esprit scientifique, quoique très incomplet, aspirait, pour la première fois, à se dégager ouvertement de tout alliage théologique ou métaphysique, de même le gouvernement qu'amènera le progrès démocratique aura à s'honorer d'une fondation qui résume l'élaboration accomplie depuis 93. Bornée aux études mathématiques et inorganiques, seules alors systématisables, l'École de la Convention ne pouvait

aucunement réaliser les intentions philosophiques
de ses éminent fondateurs; la méthode positive,
surtout inductive, y est à peine entrevue, puisque la saine appréciation de cette méthode exige
l'ensemble hiérarchique de ses diverses applica-
tions; on n'y cultive sérieusement que la partie
préliminaire de la logique déductive, limitée aux
sujets assez simples pour que la combinaison des
signes paraisse dispenser de l'élaboration des idées ;
le vide y est encore plus sensible quant à la
doctrine, où ne pénètre aucune conception directement relative à la vie, même individuelle. La
nouvelle école positive, héritière de la première,
et émanée, comme la première, d'un pouvoir
progressif, reposera sur la coordination définitive
des diverses sciences fondamentales, selon leurs
relations nécessaires : mathématique, astronomie,
physique, chimie, biologie, sociologie. Si c'était
ici le lieu (peut-être un jour reprendrai-je un si
beau sujet), je ferais ressortir quels immenses
progrès se sont effectués sous l'impulsion révolutionnaire. Seulement, je ne puis m'empêcher de
signaler, à si peu de distance dans le temps, toute
la distance dans l'état scientifique entre l'école de
la Convention et l'école positive ici proposée.
L'une va jusqu'à la chimie, et s'arrête là, hésitant
sur le chemin ultérieur ; l'autre embrasse jusqu'à
la sociologie, et systématise tout, science, histoire,
morale, humanité. Quel vaste développement
contenu entre ces deux termes !

Et la nouvelle école, qui réalisera provisoirement pour un but spécial et des services publics ce qui doit être l'éducation populaire sous le régime positif, et ce que j'ai exposé dans le cinquième de ces articles; en la nouvelle école, le véritable esprit philosophique dominera toujours. Trois années de hautes études, successivement relatives aux six ordres de conceptions abstraites, aboutiront enfin à une inébranlable systématisation de la morale, dès lors garantie contre les sophismes corrupteurs. Une active culture esthétique préservera d'ailleurs ce grand noviciat de la sécheresse inhérente aux méditations trop scientifiques. Une telle école s'adresse d'abord aux médecins. Depuis que la pathologie se subordonne profondément à la biologie, on ne conteste plus la nécessité préalable des études inorganiques d'après leur base mathématique. Quoique le besoin de compléter la biologie par la sociologie soit aujourd'hui beaucoup moins senti, une intime connexité conduira bientôt les penseurs médicaux à clore ainsi leur initiation théorique, qui sans cela manque à la fois de but et de lien. L'étude des maladies mentales et morales fournit d'ailleurs de puissants motifs pour reconnaître spécialement que toutes les spéculations sur l'homme individuel sont insuffisantes et mêmes précaires, quand elles ne s'étendent pas jusqu'à la vie sociale; seule pleinement réelle. Outre les médecins, le gouvernement

pourra recruter, dans cette école, des sujets pour
les chaires scientifiques, mêmes spéciales, surtout
quand le public aura sanctionné la règle positiviste
qui fait successivement passer chaque professeur
par les six degrés essentiels de l'enseignement
abstrait. Des motifs encore plus puissants condui-
raient aussi à tirer de l'école positive quelques
juges préservés du dangereux noviciat que procure
maintenant le barreau. Les grands magistrats ont
toujours senti qu'un office directement lié à la
connaissance réelle de la nature humaine, à la
fois individuelle et collective, exige la plus forte
préparation propre à chaque époque. Une équiva-
lente conclusion s'applique encore à la classe
administrative proprement dite, partout négligée
jusqu'ici, et qui ne saurait aujourd'hui se mieux
relever que d'après une semblable éducation. Cette
profession, loin de décroître, doit naturellement
grandir pour régulariser les fonctions secondaires
du pouvoir temporel, qui exigent à la fois une
préparation spéciale et une consécration exclusive (1).

Ici s'arrête la tâche que je m'étais donnée et

(1) Voyez de plus amples détails, sur l'école positive, dans
une brochure publiée par MM. les docteurs Segond, de Mon-
tègre et Charles Robin, sous le titre : *Rapport à la société
positiviste, par la commission chargée d'examiner la nature
et le plan de l'école positive, destinée surtout à régénérer les
médecins.* mars 1849, chez Mathias, quai Malaquais, 15.

que j'ai pu terminer sans obstacle et sans interruption, grâce à l'hospitalité déjà bien vieille qu'on m'accorde dans la dernière page de ce journal (1). La révolution a commencé vers la fin du moyen-âge, aux premières lueurs de l'esprit moderne sentant son incompatibilité avec l'ordre catholico-féodal. Une éruption violente, deux siècles plus tard, en manifesta la propagation dans les intelligences par le protestantisme. Près de trois cents ans furent employés à tirer les conséquences; et à la fin du dix-huitième siècle, la France donna le signal d'une rénovation bien plus radicale. Les soixante années qui viennent de s'écouler ont montré, d'une part, que les essais qu'on croyait définitifs n'avaient aucune vertu, et, d'autre part, que les anciennes doctrines étaient absolument impuissantes soit à rien conserver, soit à rien restaurer. Dans cet intervalle, l'élaboration continue des sciences, achevant la biologie, a permis de concevoir la sociologie; et dès lors, un penseur éminent (au défaut de M. Comte, c'eût été plus tôt ou plus tard un autre), a fait voir que l'état révolutionnaire n'avait de solution que par l'organisation d'un nouvel ordre social, qui consacrerait : la séparation du pouvoir temporel d'avec le pouvoir spirituel : un pouvoir temporel administrant l'industrie ; un pouvoir spirituel distribuant l'éducation ;

____

(1) *Le National.*

une éducation scientifique, morale et esthétique
donnée au peuple ; et l'humanité devenant l'idée
religieuse et le culte des hommes. En un mot,
tout ce qui avait fait l'efficacité du régime catholico-féodal se trouve, sur un niveau plus élevé et
en pleine conformité avec les exigences de l'esprit moderne, reproduit dans le régime positif.

Indépendamment des joies et des douleurs qui
accompagnent le triomphe ou la défaite, indépendamment des fluctuations de l'intelligence et
des défaillances du cœur dont nous voyons tant et
de si déplorables exemples, ce qu'il y a de plus
pénible en ce temps-ci, c'est, dans le for intérieur
du même homme, le heurt des principes les plus
opposé, le choc de la théologie et de la science,
de l'autorité et de la liberté, du passé et de l'avenir. Mais ce qu'il y a de souverainement satisfaisant et de suprême dans la philosophie positive,
c'est qu'elle réconcilie ces discordances intimes,
porte la clarté dans l'esprit et la foi dans le cœur,
et précipite l'homme tout entier dans la plénitude
de la lumière et dans l'infinie volupté du dévouement.

A un tel enseignement les prolétaires apprennent
que leur digne incorporation à la société moderne
est le but de la révolution, but qui n'est ni une
chimère ni une Ithaque toujours fuyant devant
eux. A un tel enseignement ils apprennent qu'entre l'état présent et l'état définitif est une transi-

tion qui comporte certaines mesures, afin qu'on ne voie pas reparaître les stériles hésitations de Février sur la marche à suivre. Ils ont le nombre ; que leur manque-t-il pour gagner la direction des affaires? s'entendre. Mais qu'ils en soient bien sûrs : ils ne s'entendront pas sur des intérêts ; ils ne s'entendront que sur des sentiments et des idées. Ce sentiment, cette idée, c'est la religion de l'humanité.

FIN.